U0622058

中等职业教育汽车类专业新形态系列教材

汽车顾问式销售实务
（工作页一体化）

陆松波　主编

阮秀平　李园梅　副主编

科学出版社

北　京

内 容 简 介

　　汽车销售和普通商品销售不一样，因此对汽车销售顾问的要求也更高。汽车销售顾问不仅需要具备汽车方面的专业知识，还需要具备较高的综合素质。本书以汽车销售顾问所需知识为核心，以销售流程为主线，介绍了汽车销售顾问的基本素养、潜在客户开发、展厅接待、产品介绍、议价成交和欣喜交车 6 个项目。项目中的每个任务都创设了情境，每部分内容都以实际的工作标准展开介绍，突出了汽车销售顾问应该具备的知识和技能，内容丰富，深入浅出，可操作性强。

　　本书可作为职业院校汽车类专业学生的学习用书，也可作为汽车销售服务人员的培训用书和自学参考书。

图书在版编目（CIP）数据

汽车顾问式销售实务：工作页一体化/陆松波主编. —北京：科学出版社，2021.2

（中等职业教育汽车类专业新形态系列教材）

ISBN 978-7-03-067635-1

Ⅰ．①汽…　Ⅱ．①陆…　Ⅲ．①汽车-销售-中等专业学校-教材

Ⅳ．①F766

中国版本图书馆 CIP 数据核字（2020）第 271291 号

责任编辑：陈砺川　周春梅 / 责任校对：赵丽杰
责任印制：吕春珉 / 封面设计：东方人华平面设计部

科 学 出 版 社 出版
北京东黄城根北街 16 号
邮政编码：100717
http://www.sciencep.com

北京市京宇印刷厂 印刷
科学出版社发行　　各地新华书店经销
*

2021 年 2 月第 一 版　　开本：787×1092　1/16
2021 年 2 月第一次印刷　　印张：10
字数：234 000
定价：30.00 元
（如有印装质量问题，我社负责调换〈北京京宇〉）
销售部电话 010-62136230　编辑部电话 010-62135397-2008

版权所有，侵权必究

中国汽车市场是全世界发展潜力最大的汽车消费市场之一。世界各国的知名汽车企业纷纷进入中国汽车市场，致使中国汽车市场的竞争日益激烈。同时，新的汽车技术不断涌现，这些都使得汽车营销服务行业需要与时俱进。

汽车销售顾问是典型的应用型人才，目前已被人力资源社会保障部定位为我国劳动就业市场紧缺人才，市场上尤其急需汽车营销方面理论知识扎实、实践技能熟练的专业人才。这就要求中等职业学校的教学模式及人才培养方案随着汽车销售市场的变化而变化，突出汽车销售市场的特点，以应用、实操为原则，力争做到知识和应用的完美统一，为培养汽车销售市场技术应用型人才服务。

本书为了满足中等职业学校教学改革和人才培养目标，解决中等职业学校汽车营销专业缺乏理实一体化实用性教材的问题，以汽车销售相关工作任务为核心，采用任务驱动和情境模拟教学模式，以工作任务引出学习内容，以学习内容辅助情境模拟的开展，以情境模拟巩固学习的内容。

本书以"新手小白"第一天上班走进汽车销售展厅到成长为优秀的汽车销售顾问的故事为主线，将大量的销售话术和技巧贯穿整个销售过程，其中包括潜在客户开发、展厅接待、产品介绍、价格谈判技巧、促成成交、交车等。

本书建议学时为64学时，各学校可按照自身专业设置的具体情况灵活分配。

本书由慈溪市锦堂高级职业中学陆松波任主编，宁波市职业技术教育中心学校阮秀平和李园梅任副主编，参与编写的还有慈溪市锦堂高级职业中学胡娜、胡益玲、许霞柯、娄丹。

编者在编写本书的过程中，参阅了大量的文献和资料，在此向相关作者表示诚挚的感谢。

由于编者水平有限，加之时间仓促，书中不足之处在所难免，希望广大读者批评指正。

编　者
2020 年 4 月

目 录

CONTENTS

项目一 汽车销售顾问的基本素养

 项目导入

　　毕业了，王亮忐忑地在家里等待面试过的几家汽车销售服务 4S 店（以下简称 4S 店）的电话通知。终于有一天电话铃响起，王亮欣喜地接起电话，电话那头传来一位女士的声音："王先生您好，我是××4S 店，您被我公司录取了，请您于明天早上 8 点之前到公司人事处报到。"王亮怀着激动的心情，道谢之后挂了电话。

　　第二天一早，王亮来到××4S 店的人事处办理手续，认识了销售部的李经理。李经理向他简单介绍了一下公司情况，并指派了一名资深的汽车销售顾问张旭作为他的师傅，让他虚心向师傅学习。王亮暗暗下定决心，一定要成为一名优秀的汽车销售顾问。

　　张旭把王亮带到了销售部，逐一把他介绍给销售部的同事。上午的展厅还没有客户，可是销售部的同事们都很忙，有的在电脑上搜索信息，有的在用手机编辑文字。王亮好奇地问张旭："师傅，我看大家都很忙，有什么我可以帮忙的吗？"张旭看了他一眼说："恐怕你还帮不上什么忙哦，你还需要学习很多呢！"

 项目分析

　　不管做什么行业，没有基本功都无法立足，汽车销售顾问更是如此。汽车和普通商品不一样，因此对汽车销售顾问的要求也更高。即便有的人天生具备销售的潜质，要想成为一名优秀的汽车销售顾问，也需要后天的不懈努力。汽车销售顾问是蕴含丰富技术含量的职业，我们不仅要了解这一行业的职业定位，还要努力使自己具备相关的职业素养与能力。本项目将涉及以下知识点：

　　1）汽车专业知识。

　　2）店内相关政策。

　　3）良好的职业素养。

任务一　汽车专业知识

◼ 任务描述

听了张旭的话，王亮不服气地说："我就是汽车专业毕业的，在学校已经学了很多专业知识，而且成绩在班级里还不错！"张旭摇摇头说："你要学的还有很多呢！你了解我们店里有哪些车型吗？你知道最近卖得最火的是哪款车吗？你知道店里有什么活动吗？客户问你有关汽车的参数问题，你知道怎么回答吗？"王亮羞愧地低下了头，说道："是啊，您说的这些我好像都不了解呢。"张旭看他像泄了气的皮球，便笑道："别急，我们先从认识汽车品牌开始吧！"

◼ 任务目标

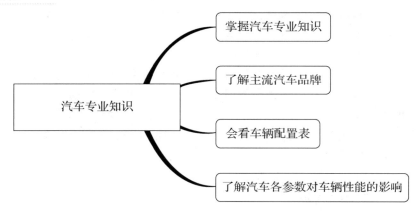

◼ 任务准备

1）你知道目前有哪些主流汽车品牌吗？

① 一线品牌：＿＿＿＿＿＿＿＿＿＿＿＿＿＿＿＿＿＿＿＿＿＿＿＿＿＿＿＿＿＿＿

＿＿

② 二线品牌：＿＿＿＿＿＿＿＿＿＿＿＿＿＿＿＿＿＿＿＿＿＿＿＿＿＿＿＿＿＿＿

＿＿

③ 合资品牌：＿＿＿＿＿＿＿＿＿＿＿＿＿＿＿＿＿＿＿＿＿＿＿＿＿＿＿＿＿＿＿

＿＿

④ 国产品牌：＿＿＿＿＿＿＿＿＿＿＿＿＿＿＿＿＿＿＿＿＿＿＿＿＿＿＿＿＿＿＿

＿＿

2）请写出以下参数对汽车的影响。

① 汽车驱动方式：＿＿＿＿＿＿＿＿＿＿＿＿＿＿＿＿＿＿＿＿＿＿＿＿＿
＿＿＿＿＿＿＿＿＿＿＿＿＿＿＿＿＿＿＿＿＿＿＿＿＿＿＿＿＿＿＿＿＿＿＿＿＿

② 汽车轴距：＿＿＿＿＿＿＿＿＿＿＿＿＿＿＿＿＿＿＿＿＿＿＿＿＿＿＿＿＿
＿＿＿＿＿＿＿＿＿＿＿＿＿＿＿＿＿＿＿＿＿＿＿＿＿＿＿＿＿＿＿＿＿＿＿＿＿

③ 汽车转弯半径：＿＿＿＿＿＿＿＿＿＿＿＿＿＿＿＿＿＿＿＿＿＿＿＿＿＿＿
＿＿＿＿＿＿＿＿＿＿＿＿＿＿＿＿＿＿＿＿＿＿＿＿＿＿＿＿＿＿＿＿＿＿＿＿＿

④ 汽车燃油经济性：＿＿＿＿＿＿＿＿＿＿＿＿＿＿＿＿＿＿＿＿＿＿＿＿＿＿
＿＿＿＿＿＿＿＿＿＿＿＿＿＿＿＿＿＿＿＿＿＿＿＿＿＿＿＿＿＿＿＿＿＿＿＿＿

相关知识

一名优秀的汽车销售顾问不仅要了解汽车相关专业知识、汽车行业的现状，还要对自己所在公司的汽车品牌了如指掌。

一、汽车品牌

1. 目前我国的主流汽车品牌

认识汽车品牌

目前在我国销售的主流汽车品牌，按产地分主要有以下几种。

日系：丰田、本田、日产、马自达、三菱、铃木、斯巴鲁等。

德系：奔驰、宝马、奥迪、保时捷、大众等。

美系：通用（包括其旗下的别克、凯迪拉克和雪佛兰等）、福特、克莱斯勒和 Jeep 等。

欧系：标致雪铁龙、菲亚特等。

国产：随着我国经济的发展，汽车相关技术越来越成熟，我国的民族品牌迅速崛起，目前主流的国产品牌有红旗、荣威、MG、奔腾、长安、奇瑞、吉利、帝豪、长城、东风、比亚迪、众泰等。

每年各个品牌的受欢迎程度会有差异，究竟哪个品牌更受欢迎，我们可以从销量上窥之一二（表 1-1-1）。

表 1-1-1　2020 年 1～7 月国内主流汽车品牌销量统计

排名	品牌	2020 年 1～7 月/万辆	2019 年 1～7 月/万辆	同比/%
1	轩逸	252 876	246 821	2.5
2	新朗逸	221 157	252 683	−12.5
3	卡罗拉	177 983	202 000	−11.9
4	新宝来	154 319	153 642	0.4
5	速腾	141 350	145 022	−2.5
6	全新英朗	136 400	123 861	10.1
7	雷凌	122 399	101 612	20.5

续表

排名	品牌	2020 年 1～7 月/万辆	2019 年 1～7 月/万辆	同比/%
8	帝豪	120 323	122 634	-1.9
9	思域	113 628	128 708	-11.7
10	雅阁	108 117	122 104	-11.5
11	奥迪 A6	93 659	57 451	63.0
12	凯美瑞	92 757	99 290	-6.6
13	桑塔纳	91 815	138 822	-33.9
14	奔驰 E 级	88 697	90 308	-1.8
15	奔驰 C 级	87 991	95 141	-7.5

2. 了解自身品牌

汽车销售顾问除了要了解主流品牌、主流车型的一些信息，还要了解本公司的汽车品牌，清楚本公司汽车品牌的文化、车型、技术参数、配置等，在与客户交流时，能够流利地回答相关问题；另外，还应了解竞争对手的产品与自己所售车型的差异。随着互联网的发展，人们很容易在网上搜索到自己想要的信息，越来越多的客户会先在网上了解相关车型再进行比较选择。针对这一现象，汽车销售顾问应事先了解竞品的各种信息，以说服客户购买本公司的汽车。

二、汽车分类

随着经济社会的不断发展和科学技术的飞速进步，人类对汽车的需求日趋丰富，汽车的用途更加广泛，汽车的结构和装置被不断改进，汽车的种类越来越多。世界各国对汽车的分类方法也不尽相同。

欧系车的分类以德国汽车为例。德国的汽车标准分为 A00、A0、A、B、C、D 等级别。其中 A（包括 A0、A00、A）级为小型轿车，B 级为中档轿车，C 级为高档轿车，D 级为豪华轿车。其等级划分主要依据轴距、排量、重量等参数。例如，A00 级轿车轴距为 2～2.2 米，发动机排量小于 1 升。

美系车的分类以通用汽车公司的分类标准为例。通用汽车公司基于车型尺寸、排量、装备和售价等因素，一般将轿车分为 6 级，即 Mini 级、Small 级、Lowmed 级、Interm 级、Upp-med 级、Large/Lux 级。例如，Mini 级一般指发动机排量为 1 升以下的轿车。

我国汽车分类的方法较为复杂，从用途、结构、管理需要等不同角度，可以对汽车进行不同的分类，但是大体上与国际较为通行的分类标准一致，分为乘用车和商用车两大类（图 1-1-1）。

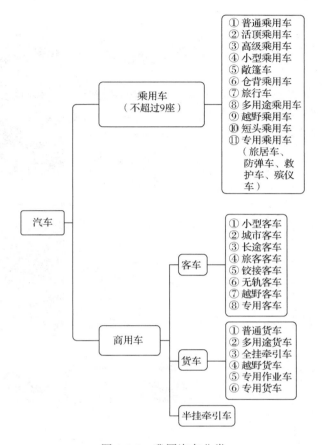

图 1-1-1　我国汽车分类

三、车辆配置表

汽车的基本构造由车身、底盘、发动机、电器四大部分组成，但是每款车型在配置上千差万别。每款车型在上市时都会有一系列的车型简介，其中最主要的参考信息就是车辆配置表（图 1-1-2）。由于汽车市场的竞争日趋激烈，汽车厂家更加注重汽车配置，各种人性化、科技化的配置越来越多。一名合格的汽车销售顾问一定要非常清楚车辆配置表的内容。

认识车辆配置表

车辆配置表的内容包括车型外观、动力经济性、操控性、安全性、舒适性等。

1. 车型外观

现代人的生活品质不断提高，车辆不仅是交通工具，也是很多人显示身份和个性的"一张名片"，所以，人们对车型外观的要求也越来越高。车型外观主要包括前脸造型、车身侧面造型、尾部造型、保险杠、车灯、车身颜色、车型尺寸等（图 1-1-3）。

图 1-1-2　车辆配置表

图 1-1-3　车型外观

汽车的主要尺寸参数有以下几个。

（1）外廓尺寸

汽车的外廓尺寸是指汽车的长、宽、高。汽车的外廓尺寸根据汽车的用途、道路条件、吨位（或载客数）、外形设计、公路限制和结构布置等众多因素确定。汽车总体设计一般力求减少汽车的外廓尺寸，以减轻汽车的自重，提高汽车的动力性、经济性和机动性。

（2）轴距

汽车轴距（L）是汽车轴与轴之间距离的参数，通过汽车前后车轮中心来测量。轴距的长短直接影响汽车的长度、重量和使用性能，还对轴荷分配、传动轴夹角有影响。轴距短，汽车长度相对就短，自重相对就轻，最小转弯直径和纵向通过角就小。轴距过短，会带来车厢长度不足或后悬过长，使汽车行驶时纵摆和横摆较大，以及在制动或上坡时重量转移较大，使汽车的操纵性和稳定性变差等问题。

（3）转弯半径

汽车转弯半径（R）是指汽车转弯时，由转向中心到外侧转向轮与地面支撑平面中心点的距离。转弯半径越小，汽车的机动性能越好，汽车转弯时所需要的场地面积越小。一般来讲，汽车转向轮左、右的极限转角不相等，所以汽车向左或向右的最小转弯半径也不相等。

2. 动力经济性

动力经济性也是很多客户会考量的一个重要配置，它主要是变速箱和发动机的一些参数（图 1-1-4 和图 1-1-5），包括型号、排量、压缩比、最大功率、最大扭矩、最高车速、综合工况、排放标准、变速器的型号、挡位等。汽车动力经济性主要由 3 个指标来衡量，即最高车速、爬坡能力、加速性能等。最高车速是指车辆满载时，在良好的水平路面上所能达到的最高行驶速度；爬坡能力是指车辆在满载无拖挂，并在路面良好的条件下，车辆节气门全开，以最低挡前进所能爬行的最大坡度；加速性能是指汽车速度在单位时间内的增加能力，一是指汽车由静止状态加速到一定速度的能力，二是指汽车在一定挡位由匀速状态加速至最快速度的能力。汽车生产厂商通常会提供"0～100 千米/时"的加速时间测试数据作为汽车加速性能的权威数据（图 1-1-5）。

图 1-1-4　变速箱参数

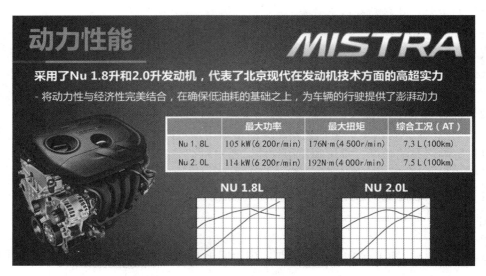

图 1-1-5　发动机参数

3. 操控性

车辆的操控性是指控制这辆车的难易程度。车辆操控性的好坏主要由 3 个因素来决定，即动力、悬架（图 1-1-6）和转向系统。动力是操控性的根本，有了强劲、流畅的动力输出，车辆才有资格谈操控性；悬架则是操控性的关键，一般而言，动力相当的两款车，操控性的强弱取决于悬架的好坏，扎实而具备韧性的悬架才能保证操控的稳定和可靠；而转向系统是操控性的保障，有了可靠的转向系统，车主在体验车辆操控性能的时候，才没有后顾之忧。汽车的操控性能不仅影响驾驶的灵敏、准确程度，也决定着高速行驶的安全性，是"高速车辆的生命线"。

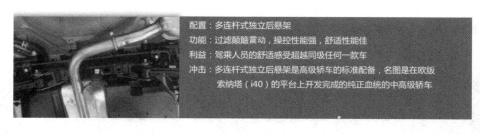

图 1-1-6　悬架参数

4. 安全性

汽车安全性是汽车在行驶中避免事故、保障行人和乘员安全的性能，一般分为主动安全性、被动安全性等。在道路交通事故中，汽车本身的安全性也是不可忽视的因素。汽车安全性好，往往可以避免事故的发生或减少伤亡的程度。

汽车厂家在制造车辆的时候也会将安全作为自家车型的卖点。现在的主流车型一般配备的主动安全性装置有胎压检测系统、坡道辅助刹车、刹车灯闪烁等。被动安全性装置主要是指车身的结构牢固性、安全气囊、安全座椅等。胎压检测系统和多级燃爆安全气囊的安全性参数分别如图 1-1-7 和图 1-1-8 所示。

胎压检测系统

胎压检测系统，检测轮胎气压和温度，当轮胎出现异常时发出预警

图 1-1-7　胎压检测系统的安全性参数

多级燃爆安全气囊

多级燃爆安全气囊，能减缓气囊爆开的力度，防止二次伤害的发生

图 1-1-8　多级燃爆安全气囊的安全性参数

5. 舒适性

汽车的舒适性并没有严格的定义，一般来讲，主要指以下几个方面。

1）汽车的悬挂减震性能。相同车速下，汽车过减速带或者颠簸路面时，车身震动小，驾驶员、乘客感觉舒适的车辆，舒适性较好。

2）车内空间的大小。一般情况下，车内空间越大，驾驶员、乘客的感受越好，汽车的舒适性也就越好。

3）汽车噪声的大小。汽车噪声主要是指行车时车内乘客听到的发动机噪声、路噪、风噪等，噪声越小，舒适性越好。

4）车内舒适性装备，如分区空调、车载电视、扶手箱、杯架、电加热座椅、高保真车

载音响等。

5）车内的自动化控制装备，如电动调节座椅、电动车窗、多功能转向盘、电动后视镜、自动空调、可调节转向盘等。

6）汽车内饰材料，如真皮座椅、真皮转向盘套、软性材料汽车内饰等。

汽车内饰的舒适性有时候只是为了吸引人的眼球。例如，大多数人认为真皮座椅高档、舒适性较好，但是喜欢布艺座椅的车友觉得布艺座椅的舒适性更好。汽车的舒适性往往会和汽车的操控性等其他方面相冲突。例如，汽车的悬架偏软，舒适性较好，但是操控性较差；悬架调校偏硬，操控性较好，但是舒适性又会打折扣。汽车的空间大，舒适性好，但是汽车的加速动力性能会受到一定的影响。所以，在选购汽车时，应该综合考虑汽车的各方面性能，不能一味地追求舒适性或者某方面的性能。

汽车的舒适性参数如图 1-1-9 所示。

后排座椅加热

同级唯有的后排座椅电加热，使后排乘客在寒冷冬季仍可拥有温馨、舒适的感觉

配置：后排座椅加热
功能：后排座椅带电加热功能
利益：在寒冷的冬季，可在最短时间内使座椅温度达到最舒适状态
冲击：同级车中独有，豪华车中鲜有，无论家人还是商务伙伴都能感受到您低调又有格调的风格

超静音NVH

采用比国标更严格的现代标准，从动力系统NVH、强化车身结构NVH和内外饰NVH三大部分进行改善，同时严格控制装配质量，并用先进仪器最终检核，保证震动与噪声降到最低

配置：超静音NVH
功能：全车使用大量吸音隔震材料及低噪声零部件总成来抑制行车过程中噪声和震动的产生
利益：乘坐舒适性得以极大提高，车内安静平稳
冲击：名图怠速时的静音效果堪比雷克萨斯ES350，达到国际豪华车造车标准

图 1-1-9　舒适性参数

情境训练

张先生想了解一下 2020 款雪铁龙 C3L 在安全性和舒适性上的配置，请为张先生做介绍。

1）在机房内查找 2020 款雪铁龙 C3L 的车型信息，分组讨论，编写模拟接待话术。

2）根据所编写的脚本分组进行情境演练。

评价与反馈

1）分组讨论各组值得鼓励和应该改进的地方，讨论后各请一名组员上台总结。

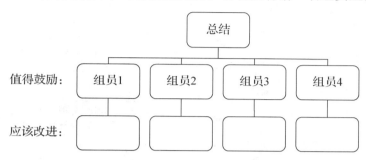

2）学习活动评价。根据以上活动填写学习活动评价表（表1-1-2）。

表1-1-2 学习活动评价表

班级： 组别：

项目	评价内容	配分	组员姓名			
关键能力考核项目	遵守纪律，遵守学习场所管理规定，服从安排	10				
	学习态度积极主动，能参加学习活动	20				
	有团队合作意识，注重沟通，能自主学习及相互协作	20				
专业能力考核项目	能全面了解给定车型的安全性和舒适性的配置	25				
	能合理地为客户做介绍	15				
	自我提升，能提出改进意见	10				
小组评语及建议			组长签名： 年 月 日			
教师评语及建议			教师签名： 年 月 日			

任务二 店内相关政策

任务描述

努力背了两天店内各车型配置表上的内容，王亮自信满满地找到张旭，对他说："师傅，我现在已经把店里的车型配置表都背下来了，您可以考考我！"张旭听了点点头："嗯，小伙子很用功啊，那我就考考你！你知道店里有什么活动吗？""活动？什么活动？"王亮一头雾水地问："我怎么知道有什么活动呀！"张旭笑着说："那你知道我们店里对于全款购车的客户和按揭贷款的客户分别有什么不同的优惠政策吗？"看王亮不说话了，张旭接着问："你知道我们店里给客户投的是哪家保险吗？……"王亮羞愧地低下了头，说道："您说的我都不知道呢。"张旭笑道："别急，每个新人都是这么过来的，慢慢学吧！"

任务目标

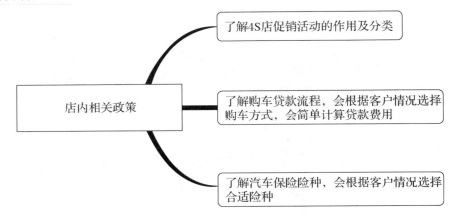

店内相关政策

- 了解4S店促销活动的作用及分类
- 了解购车贷款流程，会根据客户情况选择购车方式，会简单计算贷款费用
- 了解汽车保险险种，会根据客户情况选择合适险种

任务准备

1）4S店常见的促销方式有哪些？

_____

_____

2）请写出常用的购车付款方式，并描述其优缺点及各适用于何种客户。

① _____

_____

② _____

_____

③ _____

3）哪些险种是汽车必须投保的？

_____

_____

相关知识

为了配合新车销售、清理库存、集客等，4S店每月需要开展市场推广活动，并向区域市场传播品牌与车型产品的促销信息，调整销售政策。尤其当新车上市或有重大促销活动时，初期的市场推广与促销更需要造势的宣传活动。另外，由于一些4S店自身的情况、各银行的政策及国家的交通法规等的变化调整，4S店内的付款方式、贷款按揭费用、保险内容和保险费用等都会有不同程度的变更与调整。

一、促销活动

4S 店常用的促销活动可以分为 4 类，即展厅店头活动、厅外展示活动、专项试乘试驾活动和汽车展会。一般可以根据不同类型的促销活动效果结合实际的促销目标，选择促销方式。

1. 展厅店头活动

展厅店头活动可提供绝佳的产品推荐的环境与气氛，除既有的展示新车的功能外，还可以借助各种主题和活动，使展厅内容更丰富、生动，进而使目标客户愿意在展厅停留、积极参与活动。实例如图 1-2-1 和图 1-2-2 所示。

图 1-2-1 店头活动

图 1-2-2 年终店头活动

如果汽车厂家有统一的店头活动要求，4S 店应严格遵守，以使全国同品牌的 4S 店有统一的店头宣传形象。展厅店头活动的类别及说明如表 1-2-1 所示。

表 1-2-1 展厅店头活动的类别及说明

活动类别	举例说明
节庆车展	① 新车上市活动（新车上市发布会）； ② 经销商周年庆； ③ 重要节假日（元宵节、情人节、五一劳动节、端午节、七夕节、中秋节、国庆节、春节等）
特色车展	① 联合展示（花展、画展、艺术珍品展等）； ② 特色车展活动（儿童拼图绘画活动、车辆装饰比赛等）； ③ 展厅试乘试驾活动
客户活动	① 车主安全、维修讲座（安全驾驶讲座、爱车养护活动等）； ② 家庭同乐会（亲子游园会、儿童游乐会、儿童音乐会）； ③ 车主联欢活动（情人节餐会、端午餐会、婚纱时装走秀）； ④ 竞赛抽奖活动（竞射纸飞机、趣味摄像比赛、棋艺大赛、室内高尔夫球比赛等）； ⑤ 公益活动（公益竞拍、重阳节敬老、弈棋等）

2. 厅外展示活动

厅外展示活动属于客户开发活动，可扩大与意向客户的接触面。在拓展市场资源方面，可借助动态的厅外展示、试车活动与联合促进等方式，加强宣传，增加集客或促进成交的机会。实例如图 1-2-3 所示。

图 1-2-3　公园展示

厅外展示方法和要点如表 1-2-2 所示。

表 1-2-2　厅外展示方法和要点

展示方法	展示要点
定点展示	① 商场展示； ② 小区展示； ③ 景点展示（休闲场所等，如高尔夫球场、大型休闲游乐区、度假中心）； ④ 特殊团体展示（车改单位、目标企业、IT 产业、外企、大型私企）； ⑤ 联合展示（地产业、数码家电、改装备件、时装展示、时尚精品展示）； ⑥ 巡回展示（辖区内多镇地区）
动态展示	① 车队巡游（车主自驾游、婚礼车队）； ② 展厅外试乘试驾（大型休闲区内停车场、封闭式巡回道路、驾校合作等）

3. 专项试乘试驾活动

试乘试驾可以弥补展厅内静态产品介绍的不足，让客户亲身体验产品的动态演示效果。举行专项试乘试驾活动（特别是新车上市期）是邀请保有客户，并吸引新增意向客户的良好时机。专项试乘试驾活动可使客户直接感受车型的产品特性、特色，通过实际的驾乘体验激发客户的购车意愿，从而促进成交。大型专场试乘试驾通常有新车上市期的大型专场试乘试驾、特定节日或特殊日期的试乘试驾。

4. 汽车展会

汽车展会（图 1-2-4）是各品牌汽车对市场正式公布产品信息的场合，经常会与 4S 店的销售策略相结合，作为对目标客户群的招揽与购车诱因的传达方式。汽车展会不只是新车销售的场合，更重要的是在这里能够引起客户关注，使其愿意接受介绍，或愿意留下个人信息。

图 1-2-4　汽车展会

不管是哪种促销活动，都会有相应的销售政策，汽车销售顾问不仅要掌握最新的活动动态，还要了解销售政策，以便能更好地招揽客户。

二、汽车消费贷款

有别于以前全款购车的消费者，如今的消费者崇尚提前消费，特别是对汽车这种大件购置越来越热衷于贷款。贷款作为银行或者某些 4S 店本身的金融支持，能最大化地拉动店内的销量，因此，4S 店也乐于引导客户采用贷款这种消费方式。

汽车消费贷款是指个人或者企事业法人发放的用于购买汽车的人民币消费贷款。可提供汽车消费贷款业务的机构一般有两种：一种是经中国人民银行批准的国内各大银行；另一种是向中国人民银行申报、审批，而获得汽车金融机构资格的组织。

汽车消费贷款

1. 贷款流程

贷款流程为申请—调查—审批—抵押—保险—放贷—还贷—清户。

2. 贷款对象

凡在当地有固定的住所、具有完全民事行为能力的自然人和经工商行政管理机关核准登记的企事业法人都可以进行汽车消费贷款。贷款对象须具备的条件如下。

1）具备完全民事行为能力；具有稳定的职业和偿还贷款本息的能力，信用良好；能提供有效抵押物或质押物，或有足够代偿能力的个人或单位做保证人；能支付购车首期款项。

2）具备法人资格、有偿还贷款能力的单位，在指定的银行存有不低于规定数额的首期车款，有贷款人认可的担保等。

3. 贷款期限

贷款期限一般为 1～3 年（含 3 年），最长不超过 5 年（含 5 年）。采用贷款到期一次性还本付息的，贷款期限控制在 1 年（含 1 年）之内。

4. 贷款方式

1）车辆抵押。以借款人所购车辆做抵押的，应以其价值全额做抵押。

2）其他抵押及质押。以贷款人认可的其他抵押物做担保的，其价值必须大于贷款金额的 150%；以无争议、未做挂失，且能为贷款人依法实施有效支付的权利做质押者，其价值必须大于贷款金额的 110%。

3）第三方保证。

5. 贷款金额

1）以质押方式或由银行、保险公司提供连带保证的，首期付款不少于车款的 20%，贷款金额最高不得超过车款的 80%。

2）以所购车或不动产抵押申请贷款的，首期付款不少于 30%，贷款金额最高不超过车款的 70%。

3）以第三方保证方式贷款的，首期付款不得少于车款的 40%，贷款额度最高为购车款的 60%。

6. 贷款利率

贷款利率根据贷款期限长短，按中国人民银行公布的相应档次贷款利率执行。贷款人申请办理贷款须提供的资料如下。

1）个人贷款申请书、有效身份证件、职业和收入证明及家庭情况、与指定经销商签订的购车合同或协议、担保所需的证明文件。

2）企事业法人贷款申请书、法人执照、法人代码证、法定代表人证明文件，上年财务报告、上月资产负债表、损益表和现金流量表，与指定经销商签订的购车合同或协议，抵押物、质押物清单和有处分权人同意抵押、质押的证明。

7. 贷款偿还

贷款偿还应按月偿还等额本金或等额本息。借款人应于贷款合同规定的每月还款日前，主动在其存款账户上存足每月应还的贷款本息，由银行直接扣收每月还贷本息。经贷款人同意，允许贷款人部分或全部提前还款。贷款利率与万元月供款参考表如表 1-2-3 所示。

表 1-2-3　贷款利率与万元月供款参考表

年限/年	贷款期数/月	年利率/%	月利率/‰	万元月供款/元	万元总利息/元
1	12	5.31	4.425	857.50	290.00
2	24	5.49	4.575	440.91	581.84
3	36	5.49	4.575	301.91	868.76
4	48	5.58	4.650	232.93	1 180.64
5	60	5.58	4.650	191.38	1 482.80

注：万元月供款是指 1 万元贷款相应贷款年限的每个月应还款额；万元总利息是指 1 万元贷款相应贷款年限的总利息。

月供款的计算公式为

$$月供款=贷款额（万元）×万元月供款$$
$$贷款总利息=贷款额（万元）×万元总利息$$

贷款保证保险费参考表如表 1-2-4 所示。

表 1-2-4 贷款保证保险费参考表

年限/年	贷款期数/月	费率/%	万元保险费/元
1	12	0.7	72.24
2	24	1.0	106.30
3	36	1.2	131.30
4	48	1.4	157.90
5	60	1.7	197.30

贷款保证保险费的计算公式为

$$贷款保证保险费=（贷款额+总利息）×费率$$
$$=月供款×贷款期数×费率$$

【例 1-2-1】 王小姐想购买一辆轿车，但她手头并不宽裕，打算办理汽车贷款。汽车包牌价为 30 万元，首期交 20%，贷款 80%，供 5 年。请计算王小姐每月的还款额及总利息。

解：

$$首期款=300\,000×20\%=60\,000（元）$$
$$贷款额=300\,000-60\,000=240\,000（元）$$
$$每月供款额=240\,000×191.38（万元月供款）÷10\,000=4\,593.12（元）$$
$$5 年总利息=240\,000×1\,482.8（万元总利息）÷10\,000=35\,587.20（元）$$

或

$$5 年总利息=4\,593.12×60-240\,000=35\,587.2（元）$$

【例 1-2-2】 李先生想购买一辆别克君越，该汽车包牌价为 30 万元。李先生想通过银行贷款，首期交 20%，贷款为 24 万元，供 5 年。请计算他的贷款保证保险费。

解： 5 年总利息=240 000×1 482.8（万元总利息）÷10 000 = 35 587.20（元）
贷款保证保险费=（240 000 +35 587.2）× 1.7% = 4 684.98（元）

三、汽车保险

汽车销售顾问一定要熟知汽车保险的险种，以及购买各个险种的作用和发生意外时的责任范围。另外，各个车主的车型不一样，行驶条件不一样，驾驶习惯也有所区别，要学会根据客户的各种情况选择合适的保险组合。

汽车保险业务

1. 汽车保险的主要险种

汽车保险具体可分为机动车交通事故责任强制保险（以下简称交强险）和商业险，商业险又包括基本险（又称为主险）和附加险两部分。其中附加险不能独立投保，必须在基本险的基础上进行投保。基本险包括车辆损失险和第三者责任险；附加险包括全车盗抢险、自燃损失险、车上人员责任险等。汽车保险的主要险种如表 1-2-5 所示。

表 1-2-5　汽车保险的主要险种

险种		责任范围	注意事项
交强险		保险公司对被保险机动车发生道路交通事故造成受害人的人身伤亡、财产损失，在责任限额内予以赔偿的强制性责任保险。赔偿限额如下。 有责：死亡伤残 18 万元、医疗 1.8 万元、财产损失 2 000 元； 无责：死亡伤残 1.8 万元、医疗 1 800 元、财产 1 000 元	必须投保：不得拒保或退保。 受害人不包括被保险人和本车人员
基本险	车辆损失险（家用车）	车辆损失险是为减少被保险车辆的损失所支付的必要的合理的施救费。责任范围包括碰撞、倾覆、坠落；火灾、爆炸；外界物体坠落、倒塌；暴风、龙卷风；雷击、雹灾、暴雨、洪水、海啸；地陷、冰陷、崖崩、泥石流、滑坡等因素造成的车辆损失	自然磨损、锈蚀、故障、轮胎单独损坏、地震、自燃；驾驶人饮酒、吸毒、被麻醉或无证驾驶为免责
	第三者责任险	被保险人或其允许的合法驾驶人在使用车辆过程中发生意外事故，致使第三者遭受人身伤害或财产直接毁损，依法应当由被保险人承担经济赔偿责任，对超过机动车交强险各分项赔偿限额以上的部分负责赔偿	驾驶人员、家庭成员，以及车上人员的人身伤亡、所有或代管的财产损失；对第三者造成的间接损失；驾驶人员饮酒、吸毒、被麻醉期间使用车辆出现事故；被保险人故意行为等免责
主要附加险	全车盗抢险	保险车辆被盗窃经出当地县级以上公安刑侦部门立案证明，满 60 天未查明下落的全车损失；保险车辆全车被盗窃、抢劫、抢夺后，受到损坏或车上零部件、附属设备丢失需要修复的合理费用；保险车辆在被抢劫、抢夺过程中，受到损坏需要修复的合理费用	非全车遭盗窃，仅车上零部件或附属设备被盗窃或损坏、被诈骗、罚没等造成的损失；因民事、经济纠纷造成的车辆被抢劫、抢夺等免责
	车上人员责任险	发生意外事故，造成保险车辆上人员的人身伤亡，依法应由被保险人承担的经济赔偿责任	违章搭乘人员的人身伤亡；车上人员因疾病、分娩、自残、斗殴、自杀、犯罪等行为或在车下时造成的伤亡免责
	玻璃单独破碎险	保险车辆风窗玻璃或车窗玻璃的单独破碎	安装、维修过程中造成的玻璃单独破碎免责
	车身划痕险	无明显碰撞痕迹的车身划痕损失	被保险人及其家庭成员、驾驶人及其家庭人员的故意行为造成的损失免责
	不计免赔特约险	经特别约定，保险事故发生后，按对应的投保险种，应由被保险人自行承担的免赔金额	车辆损失险中应由第三方负责而确实无法找到第三方的，同一保险年度内多次出险，每次增加的；非约定驾驶人出险的；附加险约定的内容等免责
	新增设备险	车上新增设备的直接损毁	保险金额根据新增加设备的实际价值确定
	自燃损失险	因保险车辆电器、线路、供油系统、供气系统发生故障或所载货物自身原因燃烧造成本车的损失；为防止或减少损失所支付的必要的合理的施救费用	自燃仅造成电器、线路、供油系统、供气系统或所载货物自身的损失免责
	倒车镜或车灯单独损坏险	倒车镜、车灯单独损坏	安装、维修、保养车辆过程中损坏、再被查封、扣押、扣留、没收、征用、征收期间发生的损坏免责
	车载货物掉落责任险	所载货物从车上掉落致使第三者遭受人身伤亡或财产的直接损毁	投保了本保险的机动车辆在使用过程中，所载货物从车上掉下致使第三者遭受人身伤亡或财产的直接损毁，依法应由被保险人承担的经济赔偿责任，保险人在保险单所载明的该保险赔偿限额内计算赔偿

2. 常见的险种组合方案

汽车保险险种的搭配可谓五花八门，关键是车主应了解自身的风险特征，并结合自身的风险承受能力及经济承受能力来选择险种，只有适合自己需求的险种组合才是最好的。下面介绍几种常见的险种组合方案。

（1）最低保障方案

1）方案一如下。

① 险种组合：交强险。

② 保障范围：只能在交强险的责任范围内对第三者的人伤和物损负赔偿责任。

③ 优点：只有最低保障，费用低，因为只有交强险属于强制保险，而且交强险和车辆的车价没有关系，仅与座位数相关。普通轿车1年只要950元，就可以用来上牌照和办理车检手续。

④ 缺点：保障额度不高，一旦撞车或撞人，对方的损失能得到保险公司的部分赔偿，但自己车辆的损失则只能由自己承担。

⑤ 推荐适用车主：保险意愿不是很强、车价低、驾龄长、急于上牌照或通过年检的人。

2）方案二如下。

① 险种组合：交强险＋第三者责任险（5万元）。

② 保障范围：基本能够满足一般事故对第三者的损失赔偿。

③ 优点：可以用来上牌照或验车，第三者的保障基本能满足。

④ 缺点：一旦撞车或撞人，对方的损失能得到保险公司的少量赔偿，且赔偿金额有限，而自己车辆的损失则只能由自己承担。

⑤ 推荐适用车主：保险意愿不是很强，但又担心自己不小心对他人造成损失的人。

（2）基本保障方案

1）险种组合：交强险+车辆损失险+第三者责任险（10万～20万元）。

2）保障范围：只投保基本险，不含任何附加险。

3）优点：费用适度，能够提供基本的保障。

4）缺点：不是最佳组合，最好加上不计免赔特约险。

5）推荐适用车主：短期资金不宽裕，或有一定经济压力的车主。这类车主一般认识到发生事故后修车费用较高，愿意为自己的车和第三者责任寻求基本保障，但又不愿意多花钱寻求更全面的保障。

（3）经济保障方案

1）险种组合：交强险+车辆损失险+第三者责任险（20万元）+不计免赔特约险+全车盗抢险。

2）保障范围：在基本保障方案上增加了盗抢险和不计免赔特约险。

3）优点：投保最有价值的险种，保险性价比最高，人们最关心的丢失和100%赔付等大风险都有保障，保费不高但包含了比较实用的不计免赔特约险。

4）缺点：部分附加险种还未投保，保障还不够完善，基本险中还存在较多的免赔情况。

5）推荐适用车主：适用于车辆使用3～4年且有一定驾龄的人。

（4）最佳保障方案

1）险种组合：交强险+车辆损失险+第三者责任险（30万元）+车上人员责任险+风挡玻璃险+不计免赔特约险+全车盗抢险。

2）保障范围：在经济投保方案的基础上，加入了车上人员责任险和风挡玻璃险，使乘客及车辆易损部分得到安全保障。

3）优点：投保价值大，物有所值。

4）缺点：缺少对车辆新增设备的保障。

5）推荐适用车主：经济较宽裕、保障需要比较全面而乘客不固定的私家车车主或一般单位用车。

（5）完全保障方案

1）险种组合：交强险+车辆损失险+第三者责任险+车上人员责任险+风挡玻璃险+不计免赔特约险+新增设备损失险+自燃损失险+全车盗抢险。

2）保障范围：保全险，能保的险种全部投保，从容上路，不必担心交通所带来的种种风险。

3）优点：几乎与汽车有关的全部事故损失都能得到赔偿。投保人不必为少投保某个险种而得不到赔偿，也不必承担投保决策失误的损失。

4）缺点：保费高，某些险种出险的概率非常小。

5）推荐适用车主：经济宽裕的车主、价格偏高的车辆和企事业单位用车。

【例1-2-3】 45岁的张先生在2004年购买了一辆2002年生产的桑塔纳2000型二手车。张先生有15年驾龄，车辆主要用于上下班。请分析张先生适合投保的险种。

推荐方案：最低保障型险种，方案一。

方案分析：张先生的车辆是二手车，价格较便宜，车辆已经使用较长年限，而且桑塔纳的车辆维修工时费和配件都较便宜。张先生驾驶经验丰富，加上他日常开车的范围只在家和单位之间，对道路较熟悉。另外，45岁的中年人安全意识较强。所以，张先生购买最低保障型险种较为合适。

【例1-2-4】 小王最近刚还完婚房的贷款，看到同事有了车，毅然贷款10万元购买了一辆18万元的大众速腾轿车。请为小王选择一款经济实用型的险种。

推荐方案：基本保障型险种。

方案分析：小王是贷款买的车，经济上有一定的还款压力，购买的车辆属于中档车，发生事故后的维修成本较高，因此建议其购买基本保障型险种。

3. 汽车保险保费的计算

相关险种保费的计算公式如下。

$$车辆损失险保费=基本保险费+本险种保险金额×费率$$
$$第三者责任险保费=固定档次赔偿限额对应的固定保险费$$
$$全车盗抢险保费=车辆实际价值×费率$$
$$新增设备险保费=本险种保险金额×费率$$
$$玻璃单独破碎险保费=新车购置价×费率$$

自燃损失险保费=本险种保险金额×费率

车上人员责任险保费=本险种赔偿限额×费率

车载货物掉落责任险保费=本险种赔偿限额×费率

不计免赔特约险保费=（车辆损失险保险费+第三者责任险保险费）×费率

情境训练

朱小姐是个单身白领，也是月光族，每月收入在8 000元左右。为了上下班方便，朱小姐看中一款尼桑骐达汽车，价位在12万元，她的家人给了她6万元现金用于购车。

1）请为朱小姐设计一个贷款计划，要考虑到她每月在车辆上的花费。

2）朱小姐为首次购车，请根据朱小姐的实际情况为她设计合适的险种组合。

评价与反馈

1）分组讨论各组值得鼓励和应该改进的地方，讨论后各请一名组员上台总结。

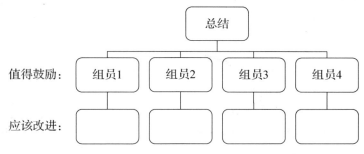

2）学习活动评价。根据以上活动填写学习活动评价表（表1-2-6）。

表 1-2-6 学习活动评价表

班级：　　　　　　　　　　　　　　　组别：

项目	评价内容	配分	组员姓名			
关键能力考核项目	遵守纪律，遵守学习场所管理规定，服从安排	10				
	学习态度积极主动，能参加学习活动	20				
	有团队合作意识，注重沟通，能自主学习及相互协作	10				
专业能力考核项目	能按时按要求完成贷款及保险费用的计算	10				
	能全面了解汽车贷款和保险的相关知识	20				
	能根据客户的实际情况提供合适的贷款及保险建议	20				
	自我提升，能提出改进意见	10				
小组评语及建议			组长签名： 　　　年　　月　　日			
教师评语及建议			教师签名： 　　　年　　月　　日			

任务三　良好的职业素养

任务描述

　　这天王亮正在认真阅读店里刚刚发布的车型新政策，张旭笑着对王亮说："小王，怎么样？师傅跟你讲的那些都学习了吗？"王亮胸有成竹地说："师傅您放心，车型资料、店内政策我都清楚了！您看，我现在是不是可以上岗了呀？"不料张旭摇摇头说："这些都没问题了，可是还差一点儿。"王亮不解地问："还差一点儿？差什么呀？"张旭神秘地拉着他到展厅，指着正在接听客户电话的汽车销售顾问王云说："你看，你要达到她这个样子就算差不多了。"只见王云身着工作服，仪容整洁大方，一边跟客户打电话，一边在纸上做着记录，而她的脸上始终带着一种亲切的微笑。

　　这时，王亮似乎明白了什么……

任务目标

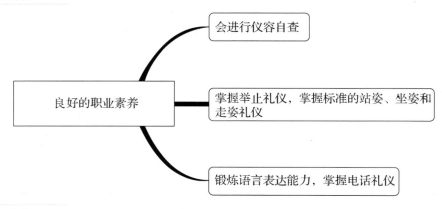

任务准备

1）自查仪容仪表。

① 头发：_____

_____

② 面部：_____

_____

③ 手部：_____

_____

④ 服装：_____

_____

2）请模拟一段接听客户电话的对话。

_____

_____

_____

_____

 相关知识

良好的职业素养是汽车销售顾问所必备的，要想赢得客户，首先要从外表上吸引客户。

一、良好的职业形象

在汽车产品同质化的今天，消费者除了关注汽车本身外，更加注重购买汽车过程中所享受到的服务，优质和差异化的服务往往更能打动客户的心。

1. 仪容仪表

1）男性形象自检如表 1-3-1 所示。

表 1-3-1 男性形象自检

项目	检查重点
头发	① 是否常洗常剪，有无头屑； ② 额前头发是否遮盖眼睛，长短是否合适，是否定期修理
脸部	① 脸部是否清洁，是否呈现干涩或油光； ② 是否认真刷牙； ③ 是否常刮胡子
衣服	① 是否适合工作环境； ② 着装是否端正，肩上是否有头屑； ③ 穿新衣服时是否精心整理
衬衫	① 是否干净、平整挺括，有无污垢、斑点； ② 是否平展，纽扣是否齐全； ③ 领带是否干净平整
裤子	① 有无污垢、斑点，是否平整挺括； ② 裤子拉链、纽扣是否结实； ③ 皮带是否结实
衣袋	① 衣袋内是否放有纸巾； ② 衣袋内是否有灰尘、脏物
手部	① 指甲是否认真修剪，手及指甲是否粗糙； ② 手指甲是否干净
袜子	① 袜子是否干净，是否每天换洗； ② 袜子与衣服的颜色、款式是否协调
鞋	① 鞋子是否擦亮，鞋后跟是否磨损变形； ② 鞋与衣服的颜色、款式是否协调
其他	① 是否面带微笑； ② 情绪是否饱满

2）女性形象自检如表 1-3-2 所示。

表 1-3-2　女性形象自检

项目	检查重点
头发	① 是否常洗常剪，头上饰物是否哗众取宠； ② 额前头发是否遮盖眼睛，长短是否合适，发型是否妨碍工作
化妆	① 脸部是否清洁，是否保养脸部皮肤； ② 口红、眼影浓淡是否合适，口红颜色是否相宜（避免使用偏白荧光型口红）
衣服	① 是否适合工作环境； ② 是否常洗熨，肩上是否有头屑
衬衫	① 是否干净、平整挺括，有无污垢、斑点； ② 是否平展，纽扣是否齐全； ③ 领巾是否干净平整
裙子	① 有无污物，是否平整挺括； ② 有无绽线、散开
装饰品	① 是否累赘、引人注目； ② 是否佩戴造型奇特的手表
手部	① 指甲是否认真修剪； ② 手指甲是否过长，指甲油是否过浓或出现脱落
裤袜	① 颜色是否适当； ② 有无绽线
鞋	① 鞋子是否擦亮，鞋后跟是否磨损变形； ② 鞋与衣服的颜色、款式是否协调
其他	① 是否面带微笑； ② 情绪是否饱满

2. 举止礼仪

整理个人仪容仪表是塑造职业形象的第一步，而得体的职业形象不能只靠外表，它是每个人语言、表情、行为、环境、习惯等综合因素的体现。只有平时注重多方面知识的储备和能力的培养，才能做到气质独特、卓尔不群。当然，即使外表再得体，如果没有专业的行为举止，也会被认为无专业意识。

举止礼仪示范

（1）站姿礼仪

俗话说："站有站相，坐有坐相。"古人要求"站如松"，就是要求站立时像挺拔的青松一样端庄、伟岸，显示出一种自然美。正确、健美的站姿给人以挺拔笔直、舒展俊美、精力充沛、积极进取、充满自信的感觉。

站姿有很多种，其中迎候站姿是汽车销售服务工作中较为标准的站姿，其他站姿的基本规范与其类似。汽车销售顾问应以标准迎候站姿等待客户的到来，专业且规范的站姿标准如图 1-3-1 和图 1-3-2 所示。站姿的基本规范是：抬头、下颌微收，双目平视前方，挺胸直腰，肩平，双臂自然下垂，收腹，肩放松，气下沉，自然呼吸，身体挺立，双手交叉放在身前，右手搭在左手上。

图 1-3-1　男士站姿

图 1-3-2　女士站姿

（2）走姿礼仪

走姿是站姿的延续动作，是在站姿的基础上展示人的动态美。无论是在接待客户时，还是在其他工作场合，走路往往是最引人注目的身体语言，也最能表现一个人的风度和活力。协调稳健、轻松敏捷的走姿会表现出朝气蓬勃、积极向上的精神状态。汽车销售顾问的走姿要求主要包括以下几点。

1）双目向前平视，微收下颌，面容平和自然，不左顾右盼，不回头张望，不盯住行人乱打量。

2）双肩平稳、肩峰稍向后张，大臂带动小臂自然前后摆动，肩勿摇晃。前摆时，手不要超过衣扣垂直线，肘关节微屈约 30°，掌心向内，勿甩小臂；后摆时勿甩手腕。

3）上身自然挺拔，头正、挺胸、收腹、立腰，重心稍向前倾。

4）行走时，假设下方有条直线，男性两脚跟交替踩在直线上，脚跟先着地，然后迅速过渡到前脚掌，脚尖略向外，距离直线约 5 厘米；女性则应走一字步，女性走姿如图 1-3-3 所示，即两腿交替迈开，两脚交替踏在直线之上。

图 1-3-3　女性走姿

5）男性步幅（前后脚之间的距离）约 25 厘米，步伐频率约为每分钟 100 步；女性步幅约 20 厘米，或者说前脚的脚跟与后脚的脚尖相距约为一脚长，步伐频率约为每分钟 90 步。

6）跨出的步子应是全部脚掌着地，膝和脚腕不可过于僵直，应该富有弹性，膝盖要尽量绷直，双臂应自然轻松摆动，使步伐因有韵律节奏感而显得优美柔韧。

7）行走时不可把手插进衣服口袋里，尤其不可插在裤袋里。

3. 坐姿礼仪

符合礼仪规范的坐姿能传达出自信练达、积极热情、尊重他人的信息和良好风范。

坐姿的基本规范：身体重心垂直向下，腰部挺起，上体保持正直，头部保持平稳，两眼平视，下颌微收，双掌自然地放在膝头或座椅扶手上。坐姿如图 1-3-4 和图 1-3-5 所示。

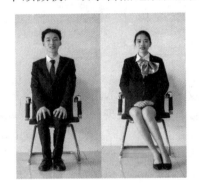

图 1-3-4　坐姿（1）

图 1-3-5　坐姿（2）

坐姿的关键注意点如下。

1）用手掌指示客户就座的席位，为客户扶住椅子，遵循女士、长者优先的原则。

2）坐下之前应征求客户同意，轻轻拉椅子，从右侧入座，并用双腿抵住椅背，轻轻用右手将椅子拉出，切忌发出大声。

3）坐下的动作不要太快或太慢，也不要太重或太轻。太快显得有失教养，太慢则显得无时间观念；太重给人粗鲁不雅的印象，太轻给人谨小慎微的感觉。

4）坐下后上半身应与桌子保持一个拳头的距离，坐满椅子的 2/3，不要只坐椅边或深陷椅子中。

5）坐着与人交谈时，双眼应平视对方，但时间不宜过长或过短；也可使用手势，但不可过多或过大。

6）女士着裙装入座前，应用手将裙摆稍微拢一下，不要入座后再重新站起来整理衣裙。女士不可将双腿叉开，双手不要叉腰或交叉在胸前，不要摆弄手中的茶杯或不停地晃动手中的东西，腿脚不要不停地晃动或抖动。

二、良好的语言表达能力

汽车销售顾问的主要工作就是接待客户、和客户沟通、了解客户的需求、展示产品、处理客户的异议，最后完成交易，所以语言表达能力、沟通能力、现场应对能力显得尤为重要。良好的语言表达能力并不是能说、能侃就行，而是要说得头头是道、令人信服。这时的"说"

是指有条理性、逻辑性的"说"。

1．沟通能力

沟通能力体现为与客户有效沟通，了解客户的需求。汽车销售顾问应该销售给客户一辆让他不后悔的车，只有这样才会赢得客户的信赖。只有了解客户的真实需求，才能为客户量身定做一套适合他的购车方案。

沟通能力的提高不仅对销售有明显的促进作用，还对周围人际关系的改善有明显的作用。在销售的核心技能中，沟通技能被看成一项非常重要的技能。在沟通中，最重要的不是察言观色，也不是善辩的口才，而是倾听。倾听是沟通中的一个非常重要的技能，然而，比倾听更加重要及更加提倡的是在沟通中对他人的赞扬。因此，在测试汽车销售顾问的核心实力时，"赞扬"是销售沟通能力中一项非常重要的指标。

2．应对能力

应对能力就是在面对不同客户、不同问题时灵活、机智、快速反应的处理能力，表现为面对机遇时能牢牢把握，面对危机时能化"危"为"机"。

三、电话礼仪

在汽车销售的过程中，汽车销售顾问与客户之间的沟通很多时候是通过电话来进行的，特别对于那些初次来电咨询的客户，电话接待不仅是决定企业形象的"公司脸面"，还是引起客户好感的一个重要因素。所以，要时刻铭记自己的每一句话都代表公司的形象，代表汽车销售顾问在客户心目中的形象，电话应答时要尽可能给对方留下好感。

电话接听礼仪
示范

1．左手持听筒、右手拿笔

大多数人习惯用右手拿电话听筒，但是，在与客户进行电话沟通的过程中往往需要做必要的文字记录，在写字的时候一般会将听筒夹在肩膀上面，这时电话很容易掉下来而发出刺耳的声音，从而给客户带来不适。

为了消除这种不良现象，应提倡用左手拿听筒，用右手写字或操纵电脑（图 1-3-6），这样就可以轻松自如地达到与客户沟通的目的。

图 1-3-6　接听电话

2. 电话铃声响过两声之后再接听

在公司内部，很多员工担心因处理方式不妥当而得罪客户，从而招致领导的责备，因此，很多人把电话当作烫手的山芋，抱有能不接电话就尽量不接电话的心理。实际上，跟客户进行电话沟通的过程也是锻炼自身能力的过程。只要养成良好的接听习惯，接电话并不是一件困难的事情。通常，应该在电话铃声响过两声之后再接听，如果电话铃声响过 3 声之后仍然无人接听，对方会认为公司员工的精神状态不佳。

3. 报出公司或部门名称

在电话接通之后，接电话者应该先主动向对方问好，并立刻报出本公司或部门的名称，如"您好，这里是××公司……"。有些人一拿起电话就问："喂，找谁？干吗……"这是很不礼貌的，应该彬彬有礼地向客户问好。

4. 确定来电者身份

电话是沟通的重要桥梁，很多规模较大的公司的电话是通过前台转接到内线的，如果接听者没有问清楚来电者的身份，在转接过程中遇到问询时就难以回答清楚，从而浪费宝贵的工作时间。在确定来电者身份的过程中，尤其要注意给予对方亲切随和的问候，避免对方不耐烦。

5. 听清楚来电目的

了解清楚来电的目的，有利于对该电话采取合适的处理方式。电话的接听者应该了解清楚以下问题：本次来电的目的是什么？是否可以代为转告？是否一定要指名者亲自接听？是一般性的电话行销还是电话来往？公司的每个员工都应该积极承担责任，不要因为不是自己的电话就心不在焉。

6. 注意声音和表情

沟通过程中表现出来的礼貌最能体现一个人的基本素养，养成将礼貌用语随时挂在嘴边的习惯，可以让客户感到轻松和舒适。因此，接听电话时要注意声音和表情。接听者声音悦耳且亲切，会让客户产生亲自来公司拜访的冲动。切忌在接听电话的过程中暴露自己的不良心情。

7. 保持正确姿势

接听电话过程中应该始终保持正确的姿势。一般情况下，当人的身体稍微下沉，丹田受到压迫时容易导致丹田的声音无法发出。大部分人讲话所使用的是胸腔，这样容易口干舌燥，如果运用丹田的声音，不但可以使声音具有磁性，而且不会伤害喉咙。因此，保持端坐的姿势，尤其不要趴在桌面边缘，这样可以使声音自然、流畅和动听。此外，保持微笑也能够使客户感受到接电话者的愉悦。

8. 复诵来电要点

电话接听完毕之前，不要忘记复诵一遍来电的要点，防止因记录错误或者偏差而带来误会，这样可以使工作效率更高。例如，应该对会面的时间、地点，联系电话、区域号码等各方面的信息进行核查校对，尽可能地避免错误。

9. 最后道谢

最后的道谢也是基本的礼仪。来者是客，以客为尊，千万不要认为不用直接面对来电客户就不用搭理他们。实际上，客户是公司的衣食父母，公司的成长和盈利都与客户的来往密切相关。因此，公司员工对客户应该心存感激，向他们道谢和表示祝福。

10. 让客户先收线

不管是制造行业，还是服务行业，在打电话和接电话的过程中都应该牢记让客户先收线。因为一旦先挂电话，对方一定会听到"咔嗒"的声音，这会让其感到很不舒服。因此，在电话即将结束时，应该有礼貌地请客户先收线，这时整个电话沟通过程才算圆满结束。

11. 记录客户信息

每位来电客户都是潜在客户，汽车销售顾问在接听每个来电咨询的电话时，都要做好记录，记录客户的信息越详细越好，填写好来店（电）客户登记表（表1-3-3），作为后续销售跟进的依据。

表 1-3-3　来店（电）客户登记表

来店（电）客户登记表

| | | | | | | | | | | 销售主管 | 业务代表 |
| | | | | | | | | | | | |

客户姓名	电话	拟购车型	有望确度	来店（电）	来店（电）时间	离去时间	追踪后确度	业务代表	经过情形	结案情形
				来店（　） 来电（　）						
				来店（　） 来电（　）						
				来店（　） 来电（　）						
				来店（　） 来电（　）						
				来店（　） 来电（　）						
				来店（　） 来电（　）						
				来店（　） 来电（　）						

情境训练

星期一早晨，客户张明来电咨询店里新上市的索九，询问该车是否有现车，店内是否有优惠活动等。刚好近期店内在做直接下单即减5 000元的购车活动。王亮作为一名汽车销售顾问，应如何接听张先生这个电话？

1）分组讨论，编写与客户张明的电话脚本。

2）每组根据所编写的脚本，进行欢迎客户来电咨询的情境演练。

评价与反馈

1）分组讨论各组值得鼓励和应该改进的地方，讨论后各请一名组员上台总结。

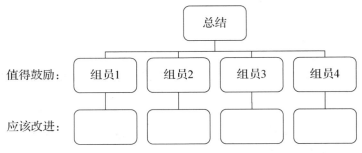

2）学习活动评价。根据以上活动填写学习活动评价表（表1-3-4）。

表1-3-4　学习活动评价表

班级：　　　　　　　　　　　组别：

项目	评价内容	配分	组员姓名			
关键能力考核项目	遵守纪律，遵守学习场所管理规定，服从安排	10				
	学习态度积极主动，能参加学习活动	20				
	有团队合作意识，注重沟通，能自主学习及相互协作	20				
专业能力考核项目	能够遵循电话礼仪	15				
	接听电话时表达热情、亲切	10				
	能够成功预约客户到店	15				
	能够在电话里明确报价	10				
小组评语及建议			组长签名： 　　年　　月　　日			
教师评语及建议			教师签名： 　　年　　月　　日			

项目二 潜在客户开发

🎬 项目导入

　　王亮进入4S店已经两周了，每天基本上都是在接受培训，培训内容包括汽车基础知识、汽车文化、汽车销售技巧、汽车服务礼仪、汽车保险等。

　　今天，张旭终于通知王亮可以在展厅接待客户了。王亮满怀期待，正准备斗志昂扬地接待客户时，张旭却提出了一个问题："今天是周一，进展厅看车的客户少，那你现在可以做些什么呢？"王亮挠挠头，心想：如果没有进店客户，自己所掌握的汽车知识和销售技巧该如何发挥呢？于是王亮问张旭："师傅，现在没有客户，那是不是需要想办法邀请一些客户进店来体验呢？这样就有机会成交了，对吗？"张旭笑着说："不错，1个月的学习，果然进步不小！我们需要先找到客户来源，才能进行销售流程的下一步。""师傅，那怎样才能找到客户呢？他们又不会主动联系我们，我们要去街头发传单吗？"王亮好像有更多的疑问需要师傅来解答。

　　张旭带着王亮走向展厅前台，说道："不着急，我们先来看看同事们都在做什么吧。"

🎬 项目分析

　　客户开发工作是销售工作的第一步，有效的潜在客户开发工作可以吸引更多的客户来到展厅，进而创造更多的销售机会。开发潜在客户是一种拓展客户来源的高效率及低成本的方法。那么，我们该如何进行潜在客户的开发呢？本项目将涉及以下知识点：

1）潜在客户开发方法。

2）潜在客户意向促进。

任务一 潜在客户开发方法

任务描述

　　张旭带着王亮来到了展厅前台，王亮好奇地问："师傅，您快告诉我，我该从哪里寻找客户呢？"张旭说："别着急，我们先来看这份来店（电）客户登记表。作为一名汽车销售顾问，以下几个问题你清楚吗？平均每月来展厅的客户数量有多少？每天有多少客户？这些客户中的成交数量有多少？剩余的客户过段时间是否买车？多长时间内会买车？现在每个销售人员拥有多少客户资源？保存这些客户资料的方式是怎样的？"王亮不好意思地低下了头，说道："师傅，您说的我都不知道呢。""拥有属于自己的客户，进行潜在客户挖掘很重要。别急，慢慢来。"

任务目标

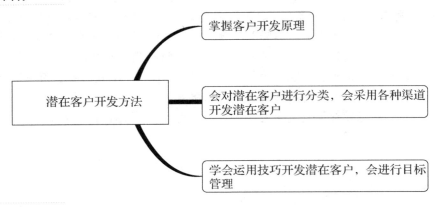

任务准备

1）可以通过哪些渠道来收集客户信息？

_____

_____

_____

2）列一份你所认识的人员清单（尽可能多地写出来）。

_____

_____

_____

_____

_____

3）将你所罗列的人员清单进行整理分类，你会分为哪几类？

_____

_____

_____

_____

✎ **相关知识**

开发潜在客户的目的在于通过确认潜在客户，并与他们建立持续的沟通，让其转成实际的客户。

集客活动

一、客户开发原理

开发客户可分为新客户的开发和老客户的维持，新客户的开发即如何赢得新客户。例如，可以通过做促销、设定主题让客户集中来销售的活动现场，不仅要介绍公司、自己、汽车，还要尽量多地获得客户资料，让他们成为基盘客户。

基盘客户又称基盘客，这个术语一般在汽车行业中使用，广义上讲是指留有可联络信息的客户，包含有望、潜在、战败、成交、他销、他牌等客户；狭义上讲是指以自销保有客户为主，即已购买产品的客户。基盘客户会越来越多，因为客户是累积起来的。汽车销售顾问必须有强大的基盘客户，这样才能保证销售任务的完成。

客户开发的原理可以用一个形象的漏斗来说明（图 2-1-1）。

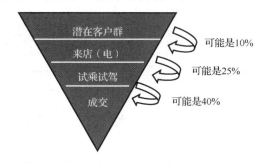

图 2-1-1　客户开发的漏斗原理

1）加大漏斗尺寸。漏斗的开口越大，创建的销售机会就越多。

2）寻找更好的潜在意向客户。使用更好的方法寻求能带来更高利润的潜在意向客户。

3）更有效地说服不确定意向客户。通过打电话找出成交抗拒的原因，增强客户快速购买的欲望，提早及更频繁地请客户下订单。

4）及时补充漏斗。为防止销售量下跌，应提早将意向客户补充到漏斗中去，并做到经常补充。

二、潜在客户的分类

潜在客户的来源途径有很多。在展开与潜在客户接触和沟通的工作之前，汽车销售顾问必须仔细地分析和规划自己所拥有的潜在客户资源，以确定潜在客户的来源。汽车销售顾问要熟悉潜在客户的分类，具体如图 2-1-2 所示。

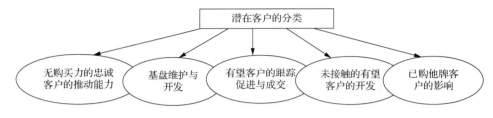

图 2-1-2　潜在客户的分类

三、判定潜在客户

潜在客户名单中会有一部分不是真正的潜在客户。要想提高销售效率，汽车销售顾问就必须练就准确判定真正潜在客户的本领，以免浪费大量的时间、精力和财力。在实际工作中，判定客户的方法主要是 MAN 法则（表 2-1-1）。

M：money，代表"金钱"，是指所选择的对象必须有一定的购买力。

A：authority，代表购买"决定权"，是指该对象对购买行为有决定、建议或反对的权利。

N：need，代表"需求"，是指该对象有这方面（产品、服务）的需求。

表 2-1-1　MAN 法则

组合方式	说明
MAN	优质客户，可以直接促成
Man	开发潜在需求，促使客户做出决策
MAn	客户暂无需求，需要持续关注
MaN	需要多接触，改善客户原有印象或提高品牌信心
mAn	客户只有好感而不行动，需要分析原因
mAN	保持联络，属于隐形客户，随时可能上升为潜在客户
maN	让其中一个因素（金钱、信心）产生
man	非潜在客户

四、寻找潜在客户的渠道

1. 走出去

利用各种形式的广告（平面、户外、媒体、网络）、车展、汽车新闻发布会、新车发布会（图 2-1-3）、小区巡展，参加各种汽车文化活动，发送微信，大客户专访，政府及企业招标采购，登门拜访客户，充分利用名片、朋友圈和社交圈等去寻找客户。

2. 请进来

在展厅接待客户，邀请客户前来参加试乘试驾、新车上市展示会，组织相关的汽车文化活动，通过各种活动把客户请到店里。主要渠道有以下几类。

1）来店客户。直接到店的客户。

2）来电客户。针对打购车热线咨询的客户，要运用一定的技巧请他们来店。

3）亲朋好友介绍的客户。通过亲戚、朋友、同学介绍客户来店。

4）老客户介绍的客户。老客户介绍的客户是最容易成交的客户。定期跟踪老客户，这些老客户也是开发客户的对象。老客户的朋友圈、社交圈也是销售资源。

5）车展客户。通过各类车展等途径引导客户来店买车。

图 2-1-3 新车发布会

五、潜在客户的开发技巧

1. 明确各个要素

1）要确定潜在客户开发的对象，考虑与他接触的方式，是打电话，还是请到展厅，抑或是登门拜访，这些都需要认真选择。

2）选择时间、地点、内容，找出比较容易交谈的切入点。

3）找出话题，以及与客户拉近距离的捷径。

4）确定谈话的重点和谈话的方式。

2. 要有耐心和毅力

客户在购车时，不会草率地决定，而是会反复斟酌。因此，汽车销售顾问要有充分的耐心和毅力。

3. 把握与客户见面的时间

根据经验，与客户见面一般在上午 10 点左右或下午 4 点左右。人的精力是有限的，一般情况下，人们上班会有先紧后松的习惯。客户从早晨 8 点开始，忙到 10 点左右就需要休息和放松一下，在客户需要放松的时候去拜访或联络他，他才把其他事情暂时放在一边，而欣然接受与你谈话。下午与客户见面也是同样的道理。

4. 与客户见面时的技巧

汽车销售顾问在与客户见面时也要讲究技巧。首先要有一个很好的开场白，这个开场白需要事先准备。如果事先没有准备，应凭借实战经验来应对。

5. 学会目标管理

企业有企业的目标管理，部门有部门的目标管理，汽车销售顾问也应该进行目标管理。下面介绍一种目标管理的方法，即"数字目标"。

1）数字的含义。这些数字是 1、15、7、8、96，其含义是：一位销售顾问一天要打 15 个电话；在这 15 个电话里面，要找出 7 位意向客户；1 周 5 天，就会找到 35 位意向客户；在这 35 位意向客户中，有两个客户能够购买你的车；1 个月按 4 周计算，就是 8 位客户能购买你的车，那么 1 个月就能卖 8 辆车；1 年是 12 个月，就可以卖 96 辆车，保守一点讲，1 位汽车销售顾问 1 年至少能卖出 96 辆车。

2）数字的调整。如果销售顾问一天只打 5 个电话，并没有找到 7 位意向客户，可能只找到 5 位或者 3 位，甚至更少。这也没有关系，只需要对数字信息进行调整，尽量多打电话，直到获得 7 位意向客户为止。

3）数字的积累。当然，电话的数字是有一定积累的。新的汽车销售顾问，要想每天获得 7 位意向客户是有一定难度的，这就需要不断地去接触客户，如把名片发给你认为有可能成为你客户的人。

情境训练

李先生与他的夫人第一次来到展厅看车，汽车销售顾问给两位客户大体讲解了车辆信息。通过近 20 分钟的沟通交流，汽车销售顾问了解到客户的个人信息。

通过汽车销售顾问的二次邀约，客户再次来到了展厅，说他们的女儿也比较喜欢他们看中的那款车。在准备缴纳手续费的时候却出现了小插曲，客户因为同事说保险费用约 7 000 元而产生犹豫。汽车销售顾问给客户仔细分析了全保的益处，客户听了很满意，决定购买。

李先生看这位汽车销售顾问的服务态度很好，又有耐心，很欣赏他，于是回去就给自己的亲朋好友推荐了他。后来李先生的亲朋好友也去他那里买车。这位汽车销售顾问的销量猛增。

1）请根据上面的案例，分析李先生属于哪类客户来源。李先生购买汽车后，李先生为汽车销售顾问介绍的客户属于哪类客户来源？

2）试着寻找新客户，编写新客户电话邀约脚本。分组讨论，每组根据所编写的脚本，完成模拟电话邀约到店咨询的情境演练。

评价与反馈

1）分组讨论各组值得鼓励和应该改进的地方，讨论后各请一名组员上台总结。

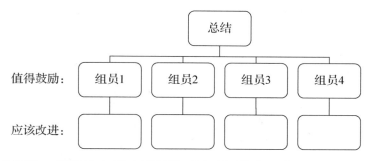

2）学习活动评价。根据以上活动填写学习活动评价表（表2-1-2）。

表 2-1-2　学习活动评价表

班级：　　　　　　　　　　　　　　　　组别：

项目	评价内容	配分	组员姓名			
关键能力考核项目	遵守纪律，遵守学习场所管理规定，服从安排	10				
	学习态度积极主动，能参加学习活动	20				
	有团队合作意识，注重沟通，能自主学习及相互协作	20				
专业能力考核项目	能按时按要求完成新客户电话邀约任务	10				
	能够遵循电话礼仪	10				
	接听电话时热情、亲切	10				
	能够成功预约客户到店	10				
	能够在电话里明确报价	10				
小组评语及建议			组长签名： 　　　　年　　月　　日			
教师评语及建议			教师签名： 　　　　年　　月　　日			

任务二　潜在客户意向促进

任务描述

一大早，王亮就怀着忐忑不安的心情去找张旭："师傅，昨天我接待了张先生一家，他们一家对于这款车挺满意的，但觉得还是要去其他4S店对比一下价格，最后就走了。我按照师傅您说的，将这位张先生确定为潜在客户，并做好了记录。那我后续要怎样跟进呢？"张旭笑着说："你做得很好！这是一个非常好的客户资源，你一定要把握好机会。正好本周末我们展厅要组织一场团购活动，你可以打电话给张先生，诚邀他周末来展厅看车。"

王亮又问道："师傅，电话的内容是直接告诉张先生周末有活动吗？""没有这么死板的，其实有很多方式可以跟客户沟通，促进销售达成。我们今天就来看看其他同事是如何操作的吧。"

任务目标

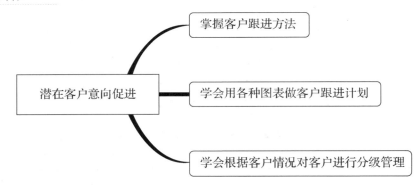

潜在客户意向促进
- 掌握客户跟进方法
- 学会用各种图表做客户跟进计划
- 学会根据客户情况对客户进行分级管理

任务准备

1）你知道哪些客户跟进的方式？

_____

_____

_____

2）请选用其中一种跟进方式，对邀请客户再次到店的内容进行编辑。

_____

_____

_____

_____

_____

相关知识

在寻找到潜在客户后，稍不注意就可能会丢失潜在客户，所以要继续跟进，加强与潜在客户的联系，使其成为真正的客户。

潜在客户意向
促进技巧

一、客户跟进管理工作

在寻找和评估潜在客户的基础上，管理潜在客户就成为重要的工作环节。

1. 分级管理

根据一定的标准把潜在客户划分为不同的等级，以便有计划、有重点地开展销售活动，取得最佳效果。不同的分类标准如下。

1）按照可能成交的时间分类。
2）按照客户购车意向的程度分类。
3）按照商谈次数分类。

2. 建立并管理潜在客户的档案

汽车销售顾问在跟进客户前，要整理客户档案资料（表 2-2-1），如客户姓名、联系电话、意向车型及所谈重点等，以便分析该客户的类型，做出正确的跟进。

表 2-2-1 客户档案资料

客户姓名		联系电话		进店/来电日期	
客户类别	□个人 □单位	单位名称			
意向车型		对比车型			
车辆用途和环境	□个人 □公司 □其他（　　）	现有交通工具	□首次购车 □添置（已有车型：　　） □置换（现有车型：　　）		
用车时间	□1 周内 □1 周～1 个月 □1～3 个月 □3 个月后	资金状况	□已到位 □未到位 □置换后		
留档渠道	□进店 □电话 □总部分配 □朋友推荐 □车主再次购买				
信息来源	□网络广告 □电视 □广播 □报纸 □杂志 □短信 □电话				
目前预算情况	□5 万元以下 □5 万～7 万元 □7 万～9 万元 □9 万～11 万元 □11 万元以上				
方便联系时段	□随时 □周末 □上午 □中午 □下午 □晚上				
备注					

3. 制订跟进计划

汽车销售顾问应在跟进客户前制订好跟进计划，以保证跟进效率。汽车销售顾问可以根据客户资料从以下几个方面制订跟进计划。

1）计划好每天跟进客户的数量。
2）计划好要具体跟进的客户。
3）分析要跟进客户的分类等级。
4）根据不同的客户等级（表 2-2-2），准备好要跟进的内容。
5）根据不同的客户可能提出的问题，提前制定应答策略。

表 2-2-2 不同级别客户跟进

级别	确度判别基准	购买周期	跟进周期
0 级	① 购买合同已签； ② 全款已交但未提车； ③ 已收订金	预收订金	周/次

续表

级别	确度判别基准	购买周期	跟进周期
H 级	① 车型、车色已选定； ② 已提供付款方式及交车日期； ③ 分期手续进行中； ④ 二手车置换进行处理中	7 日内成交	两日/次
A 级	① 车型、车色已选定； ② 商谈付款方式及交车日期； ③ 商谈分期付款手续； ④ 要求协助处理旧车	7～15 日成交	4 日/次
B 级	① 已谈判购车条件； ② 购车时间已确定； ③ 选定下次商谈日期； ④ 再次来看展示车辆； ⑤ 要求协助处理旧车	15 日～1 个月成交	周/次
C 级	① 购车时间模糊； ② 要求协助处理旧车	1 个月以上成交	半月/次

4. 记录跟进过程，总结跟进进展

无论通过什么方式跟进客户，汽车销售顾问都应快速客观地记录每次的跟进情况。汽车销售顾问可以根据每个客户的档案信息，制作一张客户跟进管理表（表 2-2-3），记录跟进过程。除了记录跟进过程，汽车销售顾问还应留出时间对零碎的工作进行归纳总结，避免疏漏某些有效信息，并为以后的工作计划安排提供依据。

表 2-2-3 客户跟进管理表

客户姓名		联系电话		
来店次数	日期	洽谈方式	洽谈结果	意向级别
第一次跟进				
第二次跟进				
第三次跟进				
第四次跟进				
第五次跟进				
第六次跟进				

二、跟进客户的方式

一次成功的汽车交易，不是三言两语就能促成的，往往需要反复多次地商讨和沟通才能达到双方都满意的结果。这就需要汽车销售顾问对客户进行不断的跟进。

1. 发短信（微信）

短信（微信）是一种非常含蓄的沟通方法，其特点是成本低廉，且能有效地传递信息。发短信（微信）的目的是强化印象、加强信任感。汽车销售顾问给客户发短信（微信）时应注意以下几点。

1）给客户发短信（微信）的时机很重要。若时机不对，很容易打扰到客户，会使客户反感。

2）给客户发短信（微信）的频率很重要，要掌握好度。既不宜太过频繁，使客户感到厌烦；也不宜间隔时间太长，使客户感到不被重视，受到冷落。

3）给客户发短信（微信）的内容很重要。短信（微信）开头要有感谢语，因为一开始与客户比较生疏，所以要发短信（微信）表示感谢，慢慢地和客户熟悉。短信（微信）参照范例如表 2-2-4 所示。

表 2-2-4　短信（微信）参考范例

类别	范例
客户打电话询问（第一次）后的感谢	先生/女士，您好！我是刚才接电话的汽车销售顾问××，非常感谢您对××车的关注，以及选择我的服务，我们店的地址是××，我在此恭候您的光临。祝您心情愉快！万事如意
客户离店 1 小时后的感谢	先生/女士，您好！我是为您提供服务的汽车销售顾问××，非常感谢您今天到××4S 店看××车，我恭候您的下次光临。祝您心情愉快！万事如意
与客户初次接触而客户意向不强时的邀约	先生/女士，您好！我是××4S 店的汽车销售顾问××，上次跟您进行了一次愉快的交谈，您给我留下了深刻的印象，非常期望您能再次到店，我会一直恭候您的光临
与客户再次接触后的邀约	先生/女士，您好！我是××4S 店的汽车销售顾问××，您来了几次都选择我的服务，我一直都很感激，内心也把您当朋友，不想让您吃亏，我们店这几天销量冲量，价格很优惠，我通知您一声，要不您周末来看看
与客户谈完价格后客户回去考虑的再次邀约	先生/女士，您好！我是××4S 店的汽车销售顾问××，您真是高手，您砍的价格确实相当低了，经理刚才还说我呢，这样的价格都不能让您满意，我也是非常苦恼，非常希望您能再给我一次机会，我会尽最大努力让您满意
与客户谈完价格后对客户不满意的应对	先生/女士，您好！我是××4S 店的汽车销售顾问××，实在是不好意思，刚才我没能申请到您想要的价格，我看您确实非常喜欢这款车，我也把您当朋友，您看什么时候方便再来一趟，我保证尽我最大的努力为您争取一个合适的价格
客户说要去竞品店时的应对	先生/女士，您好！我是××4S 店的汽车销售顾问××，非常感谢您能选择我的服务，我感觉跟您特别投缘，其实不管您买什么车，我都当您是我的朋友，所以到时候您一定要让我给您当参谋，帮您选一款最适合您的车子
客户说要去买竞品时的应对	先生/女士，您好，我是××4S 店的汽车销售顾问××，首先恭喜您马上就拥有自己的爱车，享受开车的美好生活。跟您接触这么多次，我一直把您当朋友，其实买不买我们的车不重要，关键您要选一款合适的车，更重要的是我们店近期可能有新的促销政策，我建议您还是要多比较比较您想购买的那款车，仔细了解一下××（竞品的弱点），不要急于下决定

2. 打电话

打电话是与客户保持联系最有效的方法。汽车销售顾问可通过打电话与客户联络感情，加深客户对自己的印象，与客户建立相互信任的关系。汽车销售顾问与客户电话联系时需要注意以下几点。

1）汽车销售顾问在第一次打电话跟进客户的过程中就需要确定以后是否需要再次致电，否则只是在做无用功。

2）汽车销售顾问还应根据客户的具体情况灵活设计每次通话的内容。通话时，要有耐心，不可急功近利。

3）汽车销售顾问给客户打电话跟进时，最好能将新的、有价值的东西展示给客户，让客户每次通电话后都感到有所收获。

4）汽车销售顾问给客户打电话跟进时，谈论的话题可以丰富些、灵活些，以提升自己在客户心中的形象，同时让客户感受到被尊重和重视。

 小技巧

表达问候：××先生/女士，您好！

自我介绍：我是××4S店的××，我们前几天通过话（或见过面），您还记得吗？

确认对方是否方便：我知道您是电脑方面的专家，有个关于电脑方面的小问题想要请教您，您现在方便接听电话吗？

拉近关系：您上次看车给我留下了很深刻的印象，我最近想买一台电脑，又不知道该怎么选择，知道您是电脑方面的专家，您可否给我一些建议？

表达目的：××先生/女士，真是太感谢您啦！对了，××先生/女士，最近我们4S店要庆祝建店10周年，举办××品牌车展，到时会有很多车型同时展出，而且还有促销活动。我记得您好像有购车的想法，您如果有时间不妨过来看看。

告知时间：我们是××到××这几天做活动，您哪天来比较方便？

告别：您自己过来方便吗？还是我过去接您？……期待您的到来，我们不见不散！

3. 发邮件

邮件的信息量大，附带内容多样化，且目的性强，是一种快捷方便的跟进方式。发邮件也是为了和客户保持联系。因为有的客户没有查看邮件的习惯，所以一定要请求客户看到邮件后给予回复。若客户没有回复，则需要汽车销售顾问以电话或短信（微信）的方式询问客户是否收到邮件。若收到，请客户注意查看；若没收到，可以重新发一次，以体现对客户的重视和自身的敬业精神。

4. 上门拜访

相关销售资料显示，上门拜访是成功率最高的一种客户跟进办法，但是其成本相对高昂。上门拜访时间消耗久，包括乘车时间、等待客户时间、洽谈时间；费用开支大，交通费、停车费、通信费是一笔不小的开支；随机性、不确定性大，如交通拥堵、客户不在或临时外出，无法控制自己的时间，会谈时间也不便于控制，经常会打乱拜访计划。上门拜访需要注意基本的拜访礼节，注重自身形象，关注拜访对象，找好拜访理由，细心观察客户室内摆设及风格，了解客户习惯，透过现象分析来往客户。

5. 展厅约见

展厅约见是最直接的跟进方法。汽车销售顾问约见客户到展厅看车的理由一般包括有新车型到店、有客户中意的车型到店、有新颜色的车型到店、有客户中意的颜色的车型到店、店铺将要有促销活动等。理由只要充分合理、不引起客户反感即可。客户愿意应约来展厅看车，说明客户已经有相当大的意愿购买此款车型。汽车销售顾问需要根据之前在跟进过程中对客户的了解，准备好车辆和资料，并提前想好客户会提出的问题及合适的应答。

案例分析

李先生，约43岁，是某品牌中国区域的代理，第一次来展厅时驾驶的是奥迪A4。

3月中旬，李先生和太太一行4人来到展厅，从谈话中得知，其目前需要购买一辆越野车，他们刚从对面的某汽车品牌展厅了解完车辆情况。李太太初看了本展厅的样车后，当场就反对购买此车，认为其方头方脑的，像个大货柜，太难看。李先生匆匆留下电话后一行人就离开了。李先生一行人离店后，汽车销售顾问小张给客户发去了第一条短信："感谢您的到来，很高兴为您介绍车辆信息，若有不周，请您多多包涵。这是我的电话，若有需要，请随时与我联系，一有最新情况，我会立刻通知您。××展厅小张。"后来，小张通过对李先生近两个月的跟进，最终于5月中旬成交。

分析：通过这条短信，客户在离开展厅之后还能够记得小张这个汽车销售顾问，同时，通过发短信，也告之客户自己的电话号码，客户若有意继续了解，就会把小张的电话号码存储在手机中，当客户需要时，就能翻出电话号码找到小张。这条短信的目的在于广而告之。

跟进：之后小张与李先生互加了微信。除正常联系外，小张还给李先生发过一条微信。小张了解到李先生在3月底要到外地出差。到了那天上午10点左右，小张给李先生发出了一条微信："伴着早晨的阳光，送去我亲切的问候，××展厅小张祝您出行一切顺利，平安如意。"李先生过了约1个小时（估计在去机场的路上）回复信息："谢谢，买车一定找你。"

情境训练

秦先生，25岁，刚工作1年。因为工作单位离家比较远，上下班很不方便，所以他便和家人一起来展厅看车。秦先生对其中一款车比较中意，但他想去其他4S店进行对比，再确定是否买这款车。于是，秦先生留下电话后就离开了。

1）分组讨论，编辑一条秦先生离店后，发给他的短信。

2）分组讨论，每组根据所编写的脚本，进行打电话邀请秦先生再次到店的情境演练。

评价与反馈

1）分组讨论各组值得鼓励和应该改进的地方，讨论后各请一名组员上台总结。

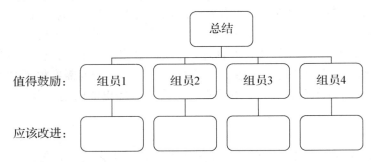

2）学习活动评价。根据以上活动填写学习活动评价表（表 2-2-5）。

表 2-2-5　学习活动评价表

班级：　　　　　　　　　　　　组别：

项目	评价内容	配分	组员姓名		
关键能力考核项目	遵守纪律，遵守学习场所管理规定，服从安排	10			
	学习态度积极主动，能参加学习活动	20			
	有团队合作意识，注重沟通，能自主学习及相互协作	20			
专业能力考核项目	能按时按要求完成短信编辑任务和电话邀约任务	10			
	能够遵循短信礼仪和电话礼仪	10			
	接听电话时热情、亲切	10			
	能够成功预约客户到店	10			
	自我提升，能提出改进意见	10			
小组评语及建议			组长签名： 　　　年　　月　　日		
教师评语及建议			教师签名： 　　　年　　月　　日		

项目三 展厅接待

项目导入

早上，王亮来到公司，张旭对他说："小王，恭喜你，前几天的上岗考试你通过啦！从今天开始你就正式成为一名汽车销售顾问了，那么今天你就单独来接待一下客户吧！"听完，王亮非常激动，他知道客户接待是汽车销售顾问最重要的任务之一。虽然在实习阶段跟随师傅一起进行过客户接待，但现在需要他独立完成，要做好这项工作，王亮需要掌握哪些知识和技能呢？

项目分析

客户接待贯穿汽车销售的整个过程，是汽车销售的开始。当客户进入展厅时，汽车销售顾问给客户留下的第一印象是直接影响销售成功与否的关键。所以，在客户接待环节需要汽车销售顾问提供热忱、周到、专业的服务，与客户建立互动、信赖的关系，为后续成功销售打下基础。要做好客户接待，对于汽车销售顾问也有一定的要求。本项目将涉及以下知识点：

1）展厅客户接待流程。
2）消费购买行为分析。
3）客户需求分析。
4）需求分析操作技巧。

任务一 展厅客户接待流程

任务描述

上午 10 点半，王亮正在不断寻找目标客户，突然发现从公司门口进来一位男士，正值炎热的夏天，他赶紧迎了上去……

任务目标

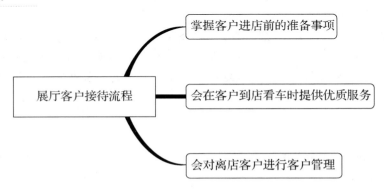

展厅客户接待流程
- 掌握客户进店前的准备事项
- 会在客户到店看车时提供优质服务
- 会对离店客户进行客户管理

任务准备

1）迎接你的第一位客户之前，你需要做哪些准备？

① 仪容仪表准备：_____

_____

_____

② 知识素养准备：_____

_____

_____

③ 销售工具准备：_____

_____

_____

2）当这位男士走进展厅时，你应该如何做自我介绍？

① 话术：_____

_____

_____

② 行动：_____

_____

3）怎样了解这位男士的基本资料？

话术：_____

_____

相关知识

一、客户来店前

客户接待环节准备得越充分，客户产生的抗拒感就会越弱。汽车销售顾问在销售环节的准备工作主要包括以下几点。

展厅客户接待流程

1. 知识素养准备

一名优秀的汽车销售顾问需要有全面的知识素养，这样在与客户交流时才能获得客户信赖，客户对汽车销售顾问越信赖，成交率就会越高。汽车销售顾问需要具备的知识素养包括以下几点。

1）汽车类知识：汽车行业状况、国家与地方政策、竞争对手信息。

2）社会类知识：时事、经济、体育、金融、房地产、人文风俗等。

3）品牌类知识：本品牌的历史、品牌含义、曾获奖项等。

4）产品类知识：汽车主要卖点、配置变化、技术优势等。

5）最新促销政策：各车型的市场活动和价格优惠幅度。

6）最新库存状况：库存结构、订单情况、在途车情况。

2. 仪容仪表准备

客户接待环节是汽车销售顾问给客户留下良好印象的关键一步，汽车销售顾问不仅需要具备专业知识，还需要注重自己的形象，良好的职业形象易赢得客户的信赖。

3. 销售工具准备

汽车销售顾问须配备且随身携带销售工具包。工具包内的物品类别及内容如表3-1-1所示。为了便于携带，可以将所有物品统一放入一个文件夹内，如图3-1-1所示。

表3-1-1 工具包内的物品类别及内容

类别	内容
办公用品	计算器、笔、记录本、名片（夹）、面巾纸、打火机
资料	公司介绍材料、荣誉介绍、产品介绍、竞争对手产品比较表、媒体报道剪辑、用户档案资料等
销售表	产品价目表、（新、旧）车协议单、一条龙服务流程单、试驾协议单、保险文件、按揭文件、新车预订单等

图 3-1-1　销售文件夹

4. 保持微笑

微笑是汽车销售顾问应具备的技能之一，无论是在客户进店、引导客户入座时，还是客户离店时，与客户接触的每个环节都应当保持适当的微笑。一名成功的汽车销售顾问，总会以充满活力的灿烂笑容面对客户，留给他人的印象是春风满面、笑意盈盈。汽车销售顾问既要用微笑迎接、服务客户，也要用微笑感染团队的每个成员。

迷人的微笑是不断训练的结果，平时我们可以对照镜子来训练。微笑练习操如图 3-1-2 所示。

①把双手放到脸部

②双手按箭头方向做"拉"的动作，一边想象笑的形象，一边使嘴巴笑起来

③把手指放在嘴角处并向脸部上方轻轻上提

④一边上提脸部，一边使嘴巴充满笑意

图 3-1-2　微笑练习操

二、客户来店

（一）客户进入展厅

汽车销售顾问应轮班站于展厅接待台后等待客户的到来（图 3-1-3）。当接待或值班人员发现有客户进入展厅时，要快速至展厅门外迎接，通过点头、微笑等肢体语言让客户感受到接待或值班人员主动招呼客户的服务意识；同时应立刻精神十足地高喊"欢迎光临"，其余在场人员也应立即附和"欢迎光临"，也可根据店内的风格自创独特的欢迎模式；再由接待或值班人员上前打招呼迎接客户；客户进入展厅后，顺势引导其到接待处。

图 3-1-3　接待准备

来店的客户并不仅限于有可能购买的客户，也有进店维修的客户，或与公司往来的人员，还有其他各类人。针对来店客户，汽车销售顾问必须问明来因，然后与相关负责人确认，确保来店客户的接待能落实。

汽车销售顾问在接待时要随身携带名片夹，并在第一时间向客户介绍自己，双手递上名片（图 3-1-4），并请教客户的称谓，如"您好，我是这里的汽车销售顾问小李，这是我的名片，请问怎么称呼您？"。

图 3-1-4　递送名片

如果客户在大门外，汽车销售顾问要主动开启自动门，引导客户进入展厅；客户进入展厅后，展厅内有可能与客户接触的员工应主动问候来店的客户，如"您好，欢迎光临！"。如果客户是雨天开车前来，汽车销售顾问应主动携带雨伞出门迎接客户。

在接待客户的过程中，汽车销售顾问要主动询问客户来访的目的，尽可能多地获取客户的相关需求信息，在询问客户信息后要按客户意愿进行分类，请客户自由参观，这时可运用话术"您好，您可自由地参观车辆，有任何需要您都可随时招呼我！"。

（二）客户看车

客户看车一般分为以下两种情况。

1. 客户想自己参观车辆

当客户想独自参观车辆时，汽车销售顾问应回应："请随意，我愿意随时为您提供服务。"并要注意与客户保持 5 米的距离，不要让客户感到压力，同时在客户目光所及的范围内，关注客户的动向和兴趣点（图 3-1-5）。当客户表示有问题询问时，汽车销售顾问应主动上前解答；当汽车销售顾问发现客户对汽车商品有兴趣时，也应主动询问。在客户自行环视车辆或停留 10 分钟左右仍未表示需求时，汽车销售顾问应再次主动向客户说明该款车的信息，并询问客户的意向。

图 3-1-5　客户自行看车

2. 客户希望与汽车销售顾问进行商谈

当客户希望与汽车销售顾问商谈时，汽车销售顾问要立即邀请客户入座。汽车销售顾问要尽可能延长客户在店里停留的时间，请客户在洽谈区就座，同时向客户提供可选择的免费饮料。座位安排要便于客户观赏到自己感兴趣的车辆。

将客户安排妥当后，汽车销售顾问在征求客户同意后入座于客户右侧，并保持适当的身体距离；如果不是客户一人，汽车销售顾问还要关注客户的同伴，不能忽略客户的同行者。

（三）客户在洽谈区

当客户愿意进入洽谈区时，汽车销售顾问要主动提供饮品，一般店内需要配备 3 种以上的饮品。递杯时，左手四指托住杯子底部，右手伸直，靠到左前臂，以示尊重和礼貌。

汽车销售顾问应充分利用这段时间尽可能多地收集潜在客户的基本信息，尤其是姓名、联系电话，如请潜在客户填写客户洽谈卡。填写客户洽谈卡的最佳时机是在与客户交谈了一段时间后，而不是见面后立即提出请求，可以说："麻烦您填一下这张卡片，便于今后我们把新产品和展览的信息通知给您。"

如果一开始没有给客户递交名片，这时在洽谈区就可以交换名片，可以说："很高兴认识您，可否有幸跟您交换一下名片？这是我的名片，请多关照！""这是我的名片，可以留一张您的名片给我吗？以便在有新产品或有优惠活动时，及时与您取得联系。"

交谈时，除了谈产品以外，可以寻找恰当的时机谈一谈对方的工作、家庭或者其他客户感兴趣的话题，以建立良好的关系。

多借用推销工具，如公司、产品宣传资料，媒体报道，售后服务流程，以及糖果、香烟、小礼物等。

三、客户离店

当客户想要离店时，汽车销售顾问应放下手中的其他事务，陪同客户走向展厅门口，同时提醒客户清点随身携带的物品，以及销售与服务的相关单据。如果之前一直没有机会给客户递送名片，那此时可以递交名片，并索要对方的名片。如果是未成交客户，汽车销售顾问应与客户预约下次来访时间，表示愿意在客户下次造访时仍由自己接待，以便后续跟踪。送客户到门口时，汽车销售顾问要真诚地感谢客户光临本店，并表示期待下次会面。汽车销售顾问应将客户送到展厅门外，挥手致意，目送客户离去（图3-1-6）。

图3-1-6　目送客户

四、客户离店后

客户离店后，汽车销售顾问应回到展厅将车辆调整到最初规定的位置并进行清洁，对洽谈桌上的水杯、烟灰缸等进行清理清洁。汽车销售顾问还应将自己的着装、情绪调整到最佳状态，准备接待其他客户。

汽车销售顾问在完成一天的工作后，要将当天接待过的客户资料进行整理，分清楚意向等级，以便后续的意向推进（具体的意向推进方法请参考项目二任务二）。

情境训练

某个周末，王先生冒着大雨来到某品牌4S店，想要了解心仪已久的某款车型，由于没打伞，他全身湿透进入展厅。你作为一名汽车销售顾问将接待这位王先生。

1）分组讨论，编写欢迎王先生光临的脚本。

2）每组根据所编写的脚本，进行欢迎客户光临的情境演练。

评价与反馈

1）分组讨论各组值得鼓励和应该改进的地方，讨论后各请一名组员上台总结。

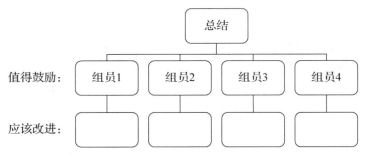

2）学习活动评价。根据以上活动填写学习活动评价表（表 3-1-2）。

表 3-1-2　学习活动评价表

班级：　　　　　　　　　　　　　　　　组别：

项目	评价内容	配分	组员姓名			
关键能力考核项目	遵守纪律，遵守学习场所管理规定，服从安排	10				
	学习态度积极主动，能参加学习活动	20				
	有团队合作意识，注重沟通，能自主学习及相互协作	20				
专业能力考核项目	能说出展厅客户接待的基本流程	25				
	能阐述各流程的关键要点	15				
	自我提升，能提出改进意见	10				
小组评语及建议			组长签名： 　　年　　月　　日			
教师评语及建议			教师签名： 　　年　　月　　日			

任务二　消费购买行为分析

任务描述

　　某天上午来了一位客户，姓李。王亮接待了他，在与李先生的交谈中，王亮了解到李先生对各种车的性能及车市的动向了如指掌。李先生认为，买车不仅要看车的情况，还要看本地的路况。虽然日系车比较划算，但是实际上本地的路况并不好，日系车"小马拉大车"式的发动机不大适合，这样更容易产生磨损，从而缩短汽车的使用寿命。就这样，李先生在这里滔滔不绝地讲着，王亮还没了解清楚李先生需要什么车型，李先生就离开了。无奈之下王亮把这个情况如实告诉了张旭，张旭听完后笑着问他："今天你跟这位李先生聊了这么久，知道他买车是为什么吗？你想把车卖出去，那有没有想过客户为什么要买你的车，或者说客户为什么要买车，他的动机是什么？你先把这个搞清楚吧！"

任务目标

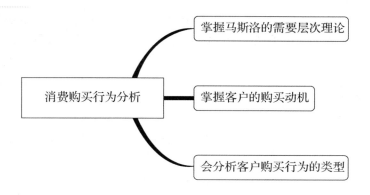

消费购买行为分析
- 掌握马斯洛的需要层次理论
- 掌握客户的购买动机
- 会分析客户购买行为的类型

任务准备

1）如果你想买一辆车，你认为车子能满足你的哪些需求呢？

_____

_____

_____

2）你选车的眼光会与父母选车的眼光一样吗？为什么？

_____

_____

_____

3）请列举3个以上不同性格的客户类型，并思考这些客户的特点。

_____

_____

_____

_____

相关知识

对于消费者而言，添置一辆新车毕竟不是小事，很多消费者买车还会让亲朋好友给自己出谋划策。不同消费者的想法千差万别，汽车销售顾问要成功销售，必须先了解清楚客户的购买行为。

消费者购买行为

一、马斯洛的需要层次理论

汽车消费者是指为了消费而购买和使用汽车商品的人，消费者的行为都有一定的消费动机，而消费动机又产生于消费者的需要。人的需要多种多样，心理学界对需要进行了多种形式的划分，具有代表性的是马斯洛的需要层次理论。

美国心理学家马斯洛经过 20 多年的潜心研究，在其著作《人类动机的理论》和《动机与人格》中提出，人的行为是由动机驱使的，而动机又是由需要引起的。此外，他还提出了需要层次理论。根据需要层次理论，人的基本需要可以分为生理的需要、安全的需要、社交的需要（又称归属与爱的需要）、尊重的需要和自我实现的需要（图 3-2-1），这些需要相互联系，由低级到高级依次发展。

图 3-2-1　马斯洛的需要层次理论

1. 生理的需要

生理的需要是人类最基本的需要，是人类为维持和延续生命而产生的对外界条件不可缺少的需要，如因饥饿、口渴、寒冷、遮蔽等而产生的衣、食、住的需要，这也是最基本、最原始的需要。根据马斯洛的需要层次理论，在生理需要未得到满足之前，其他的需要都会处于次要地位。

2. 安全的需要

安全的需要是指人类在社会生活中，希望身体不受伤害，摆脱病痛，确保平安的需要。安全的需要主要表现在以下几个方面：物质上，如操作安全、劳动保护和保健待遇等；经济上，如失业、养老等保障；心理上，如希望解除严酷监督的威胁，希望免受不公平的待遇；等等。如果安全需要得不到满足，人们就会产生威胁感和恐惧感。

安全的需要是人类较低层次的基本需要之一。当人的生理需要相对得到满足时，安全的需要就会成为个人行为的第二推动力。

3. 社交的需要

社交的需要是人与人之间感情交流、保持友谊与忠诚，渴望得到爱情、得到重视和容纳等方面的需要。它主要包括愿意参加社会交往，与他人保持良好的关系，彼此之间得到友谊、关怀和爱护；希望得到爱情，即异性之间相互倾慕，坚贞相爱，满意结合；希望自己有所归属，即成为被某个团体承认的成员，参与其中的活动，相互关心，互相照顾。

社交的需要是人们在生理的需要、安全的需要得到基本满足以后所产生和追求的第三层次的需要，也是更精致、更难捉摸、对大多数人来讲更强烈的需要。它同样是个人的行为十分重要的推动力。

4. 尊重的需要

尊重的需要是指人类在社会生活中希望有一定的社会地位和自我表现的机会，获得相应的荣誉，受到别人的尊重，享有较高的威望等方面的需要。它包括相互尊重和自我尊重两个方面：第一，希望有实力、有成就、有自信心，胜任本职工作，要求独立和自由；第二，要求有名誉、有威望，受人赏识、关心、重视和高度评价。尊重的需要一般与人们受教育的程度和经济、社会地位密切联系，人们受教育的程度和社会地位越高，尊重的需要就越强烈；反之就越弱。

尊重的需要是人的高层次的发展需要。现实中，尊重的需要如果得到满足，人就会感到自信；否则，就会产生失落感、软弱感和自卑感。当然，对于社会中任何一名成员来说，尊重的需要都是难以得到完全满足的，因为它是无止境的。

5. 自我实现的需要

自我实现的需要是指人们希望充分发挥自己的才能，干一番事业，获得相应的成就，实现理想目标，成为自己所期望的人。例如，音乐家必须创作音乐，画家必须画画，诗人必须写诗，以便发挥他们最大的潜能。可见，希望成为自己所期望的人，能够完成与自己能力相应的事情，追求自己所能达到的目标，这些都是人的自我实现的需要。

自我实现的需要是最高层次的需要，它是人们在以上4种需要得到一定程度的满足之后所追求的需要。

总之，马斯洛认为人类的上述5种需要是相互联系的，前2种需要是低层次的基本需要，后3种需要是较高层次的发展需要。个人行为的动力是没有得到满足的需要，人类的需要是一个由低层次向高层次发展的过程，只有当低层次需要得到基本满足之后，才会产生并开始追求新的、高一层次的需要。如果某一层次的需要没有得到满足，那么这种需要就会强烈驱使人们付出各种努力来满足这类需要，在此需要没有满足之前，满足这种需要的驱动力会一直保持下去，一旦这种需要得到满足，它就失去了对行为的刺激作用，而被下一个更高层次的需要所取代，成为人的行为的新的刺激动力。

虽然马斯洛的需要层次理论把人类千差万别的需要归结为逐级上升的5个层次，这在一定程度上揭示了人类需要的发展规律，已经成为西方行为科学和管理科学的理论基础，但并不是说不同级别的需要不能在同一时间内发挥作用。事实上，上述各种需要相互影响、同时作用，不过在一定时期总有某一级别的需要占据优势，成为人的行为的主要推动力，而优势需要的形成亦不是在低层次需要必须得到完全的满足以后。因此，汽车销售顾问在借鉴马斯洛的这一理论时，必须与我国的国情和具体情况结合起来。

二、汽车消费者的购买动机

购买动机是在消费需要的基础上产生的，是促进消费行为发生并为消费行为提供目的和方向的动力。购买动机在购买行为中起着十分重要的作用，如果说消费者需要是消费者购买活动的基本动力和源泉，那么购买动机就是消费者需要的具体表现和内在动力体系。

消费者需要与刺激因素的多样性，决定了消费者购买动机的复杂性。各种动机按照不同的方式组合和交织在一起，相互联系、相互制约，推动着人们沿着一定的方向行动。按照我国的实际国情，我国汽车消费者的购买动机主要分为以下 9 种类型。

1. 情感动机

情感动机就是由人的情感需要而引发的购买欲望。目前，越来越多的父母将汽车作为生日礼物、嫁妆等送给自己的孩子。

2. 求实购买动机

求实购买动机是指消费者以追求商品或服务的使用价值为主导倾向的购买动机。消费者是基于"实惠""实用"等动机产生购车欲望的，在这种动机驱使下，消费者选购汽车时特别注重功能、质量和实际效用，不过分强调车辆的型号、配置等，并且几乎不考虑商品的品牌、外形及内饰等非实用价值因素。这类消费者利用汽车装货或家庭外出旅游等，因此一般会选择空间大、性能稳定、故障率低的汽车，较少会选择高档豪华汽车。

3. 求新购买动机

求新购买动机是指消费者以追求商品或服务的时尚、奇特、新颖为主导倾向的购买动机。具有求新购买动机的消费者以追求汽车的新潮为主要特征，他们的动机核心是时髦和奇特。例如，车型时髦的 Cross POLO 之所以深受消费者的青睐，能满足一部分追求时尚、新潮的消费者的心理需要，就是因为它的设计融合了多种类型汽车的特征，并成为一种时尚。

4. 求名购买动机

求名购买动机是指消费者以追求名牌、高档商品，借以显示或提高自己的身份、地位而形成的购买动机。具有求名购买动机的消费者比较重视商品的商标、品牌档次及象征意义，几乎不考虑车辆的价格和实际使用价值，只是通过消费来显示自己的生活水平和社会地位，以达到宣传自我甚至夸耀自己的目的。

5. 求优购买动机

求优购买动机是指消费者追求的是"品质"，对产品的品牌、产地和售后服务等问题十分重视，往往会询问"是否原装""产地是哪里"等。具有求优购买动机的消费者以追求车辆质量优良为主要特征。这类消费者选购汽车时注重内在质量，对外观样式及价格等不会过多考虑。

6. 求美购买动机

求美购买动机是指消费者以追求商品的美感和艺术价值为主导倾向的购买动机。具有求美购买动机的消费者在选购汽车时最为关注的是汽车的审美价值和装饰效果，注重汽车的造型、色彩、图案等，汽车的实际使用价值是次要的。女性，尤其是年轻女性是典型的求美购买动机消费者，她们对时尚有较多关注。例如，大众甲壳虫这样的汽车融入了时尚元素，且具有亮丽鲜艳的颜色、灵巧可爱的造型、温馨的内饰，会引发她们强烈的购买欲望。

7. 求廉购买动机

求廉购买动机是指消费者以追求价格低廉为主导倾向的购买动机。具有求廉购买动机的消费者在选购车辆的时候最注重的就是价格，对汽车的式样、外观及质量等不过分计较，喜欢购买由于某种特殊因素而折价处理的车辆。当汽车价格连续下降时，此类消费者会因车价相对低廉而迅速行动。例如，2005 年的车市连续降价，引起全国汽车销量出现突涨。

8. 嗜好购买动机

少数消费者选购汽车是以满足个人的兴趣爱好为动机。例如，有的消费者喜爱收藏赛车，而有的消费者则钟情于某一款汽车。

9. 从众购买动机

从众购买动机是指消费者以效仿他人、追求社会潮流为主要特征的购买动机。具有从众购买动机的消费者在选购商品时，以相关群体大多数成员为行为准则，自觉或不自觉地模仿他人的购买行为。

以上消费者的具体购买行为并不是彼此孤立地存在于汽车消费者的购买行为中的，而是相互交错、相互制约的。在汽车消费者的购买活动中，通常不只是一种购买动机起作用，而是多种购买动机同时起作用。

三、汽车消费者购买行为的类型

研究汽车消费者的购买行为时，通常以购买态度为基本标准，因为购买态度是影响个人购买行为的主要因素。按照这种标准划分，汽车消费者的购买行为可以分为理智型、冲动型、习惯型、选价型和情感型等类型。

1. 理智型

理智型消费行为是指有些消费者习惯在反复考虑、认真分析的基础上采取的购买行为。具有理智型消费行为的消费者购买的思维方式比较冷静，在需要转化为现实之前，他们通常要做广泛的信息收集和比较。也就是说，这类消费者的购买过程比较复杂，通常要经历信息收集、产品和品牌评估、慎重决策和购买评价等各个阶段，属于一个完整的购买过程。因而，其购买决策速度慢、时间长。现阶段，我国私人汽车消费者的购买行为多属于这种类型。因为他们多数是初次购买私人汽车的用户，购买汽车要花费他们较多的资金，且汽车结构复杂、专业性较强，普通消费者具有的汽车知识较少。对于这类消费者，汽车销售顾问应掌握策略，帮助消费者掌握产品知识，借助多种渠道宣传产品优点，发动消费者的亲朋好友对其施加影响，简化购买过程。

2. 冲动型

冲动型消费行为是指在某种急切的购买心理的支配下，仅凭直觉与情绪购买商品的行为。具有冲动型消费行为的消费者容易受别人的诱导和影响而迅速做出购买决策。冲动型消费者，通常情感较为外向，个性心理反应敏捷，情绪容易冲动，随意性较强。他们一般较为年轻（30多岁者居多），具有较强的资金实力。冲动型消费者易受广告宣传、营销方式、产品特色、购买氛围、介绍服务等因素的影响和刺激，进而诱发出冲动型购买行为。这种需要的实现过程较短，消费者较少进行反复比较挑选。但是，这类消费者常常在购买后认为自己所买的产品具有某些缺陷或其他同类产品有更多的优点，从而产生失落感，怀疑自己购买决策的正确性。针对这类消费者，汽车销售顾问要强调商品的造型和款式，着重提及本店售后保障措施的完善。

3. 习惯型

习惯型消费行为是指消费者出于对某种商品的信念而形成的习惯型购买行为。具有习惯型消费行为的消费者，通常会根据过去的购买经验、使用习惯和自己的品牌偏好做出购买决策。这类消费者的购买决策较少受广告宣传和时尚的影响，其需求的形成多是由于长期使用某种特定品牌的产品而对其产生信赖感，从而按习惯重复购买。这种购买决策实际上是一种"品牌认同"的购买决策，因此，他们在购买时一般不假思索，不经过挑选，购买决策快、时间短，购买行为比较容易实现。对这类消费者，汽车销售顾问应尽量简化购买手续，缩短消费者的购买时间。

4. 选价型

选价型消费行为是指对商品价格变化较为敏感的购买行为。具有这类购买行为的消费者，往往以价格作为购买决策的首要标准。其中，该类购买决策又有两种截然相反的表现形式：一种是选高价决策，即个人消费者更乐意选择购买优质高价的商品，如那些豪华轿车的消费者多采用这种购买决策；另一种是选低价决策，即个人消费者更注重选低价商品，多数工薪阶层的消费者及二手车的消费者主要采用这种购买决策。

5. 情感型

情感型消费行为是指容易受感情支配做出购买决策的行为。具有这类购买行为的消费者，具有较强的个性心理特征，兴奋性比较强，其感情体验较为深刻，想象力特别丰富，审美感觉灵敏。在情感型购买的实现过程中，他们较易受促销宣传和情感的诱导，对商品的选型、色彩及知名度都极为敏感，多以商品是否符合个人的情感需要作为研究购买决策的标准。但他们的注意力容易转移，兴趣容易变换，多属于情感的反映者。以女性为使用者的汽车用户的购买行为多属于这种购买行为。

从总体上讲，我国现阶段的汽车消费者的购买行为类型以理智型为主。

情境训练

请根据任务描述中李先生的资料，以及他与王亮交谈的信息判断李先生的购车动机和李先生可能的购买行为类型。

1）分组讨论判断李先生的购车动机及购买行为，编写模拟话术。

2）每组根据所编写的脚本进行情境演练。

评价与反馈

1）分组讨论各组值得鼓励和应该改进的地方，讨论后各请一名组员上台总结。

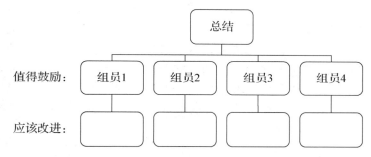

2）学习活动评价。根据以上活动填写学习活动评价表（表3-2-1）。

表3-2-1 学习活动评价表

班级：　　　　　　　　　　　　组别：

项目	评价内容	配分	组员姓名			
关键能力考核项目	遵守纪律，遵守学习场所管理规定，服从安排	10				
	学习态度积极主动，能参加学习活动	20				
	有团队合作意识，注重沟通，能自主学习及相互协作	20				
专业能力考核项目	能判断出客户的购买动机及行为类型	25				
	能编写出用于判断客户类型的话术	15				
	自我提升，能提出改进意见	10				
小组评语及建议			组长签名： 　　　年　　月　　日			
教师评语及建议			教师签名： 　　　年　　月　　日			

任务三　客户需求分析

任务描述

　　经过昨天的教训，王亮今天打算跟张旭再次学习一下，看看张旭是如何了解客户需求的。张旭接待的第一位客户是马先生。在马先生在展厅里仔细地看了一款多功能的 SUV（sport utility vehicle，运动型实用汽车）后，张旭热情地接待了他，并且对马先生感兴趣的问题做了详细的介绍。马先生跟张旭说，之前想买这款 SUV 是因为他特别喜欢郊游，喜欢出去钓鱼，这是他的一个爱好，他很早以前就一直想这么做，但是因为工作忙，没时间，现在自己开了一家公司，也积攒了一点钱，想改善一下生活质量。

　　马先生和张旭聊得很开心，王亮以为张旭会直接让马先生签合同、交定金，可谁知张旭还是继续与马先生聊天，并了解到马先生是做工程的，他业务的来源是他的客户。他的客户一到当地他就开车去接，而开车去接客户的还有很多竞争对手。马先生没有车，而竞争对手有一辆北京吉普车，马先生每次只能找辆干净的出租车去接。结果每次客户都上他的出租车，而不去坐那辆吉普车。张旭很好奇为什么马先生的客户都上他的出租车而不是上竞争对手的吉普车。

　　张旭问："是因为您的客户对你们两个人厚此薄彼吗？"

　　马先生说："不是的，有时候我的客户给竞争对手的工程比给我的还多。"

　　张旭思考了一下，说："我认为，您现在买这辆 SUV 还不合适。以前一辆吉普车，一辆出租车，客户会感觉出租车是轿车。到时候万一您的客户自己打车走了，怎么办？我认为根据您的情况，您现在还不能买 SUV。您买 SUV 是在消费，因为您买这辆车只满足您的个人爱好，对您的工作没有什么帮助。我建议您现在还是进行投资比较好，SUV 的价格在 18 万 ~ 20 万元，在这种情况下我建议您花同样多的钱去买一辆轿车，您用新买的轿车去接您的朋友和客户，那不是更好吗？"

　　马先生仔细一想觉得很有道理，便说："好吧，我听你的。我做了这么多年的业务，还没遇到过我买车他不卖给我，而是给我介绍另外一款车的情况，还帮我分析利益关系，你分析得太有道理了。"

　　就这样，马先生买了同等价位的一款轿车，开心地把车开走了，走之前还对张旭说："非常感谢你，我差点就买了一辆我不需要的车，差点白花了这 20 万元。你这人太实诚了，我身边刚好有几个朋友要买车，我都把他们介绍给你！"

　　张旭说："好嘞！叫他们尽管来找我，我肯定给他们最优惠的价格。还有，您的车子有任何问题都可以来找我！"就这样马先生开心地走了。张旭转过头来看着王亮，问道："怎么样，学到什么了吗？"

任务目标

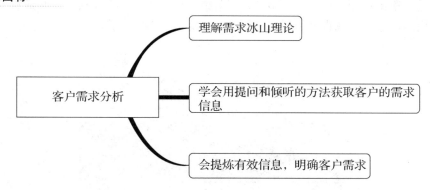

客户需求分析
- 理解需求冰山理论
- 学会用提问和倾听的方法获取客户的需求信息
- 会提炼有效信息，明确客户需求

任务准备

1）马先生真正的需求是什么？究竟哪辆车更适合他？

_____

_____

_____

_____

2）张旭是通过什么方式让马先生把自己的需求说出来的？

_____

_____

_____

_____

3）请整理张旭的问话，并说明这些问题的用意。

_____

_____

_____

_____

相关知识

需求分析就是要了解客户的需求，通过适当的提问，鼓励客户发言，使客户感受到被尊重，充分自主地表达其需求。详细的需求分析是满足客户需求的基础，也是保证产品介绍有针对性的前提。

获取客户信息的方法

一、需求冰山理论

在整个购买的过程中，客户是否真正清楚自己的需求呢？

需求冰山理论将需求分为显性需求和隐性需求两种，如图 3-3-1 所示。显性需求是指人们知道而且愿意说出来的需求，即公开的表面行为需求；隐性需求是指人们知道却不愿意说出来或并不自知但内在需要的需求，即内在的心理需求。汽车销售顾问要学会创造需求，也就是说，客户的需求是汽车销售顾问激发和创造的。汽车销售顾问在做客户需求分析时最重要的是收集客户的需求信息，这些信息也称为需求分析清单，如表 3-3-1 所示。

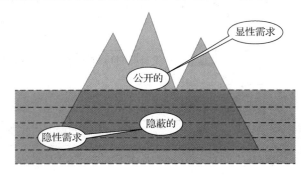

图 3-3-1　需求冰山理论

表 3-3-1　需求分析清单

项目	信息内容	分析	主攻角度
购买愿望	对车辆造型、颜色、装备的要求	品牌、车型	时尚、声誉、舒适、安全
	主要用途、年行驶里程	品牌、车型	底盘、发动机、操控性、安全、舒适、经济
	对××品牌车的了解程度	品牌倾向	女：时尚、操控便利、健康、舒适、安全、经济 男：操控性、动力性、安全、舒适、声誉
	选购车时考虑的主要因素	购买动机	时尚、声誉、安全、舒适、经济、健康、同情心
个人信息	姓名、联系方式		
	职业、职务	品牌、车型	声誉、赞美、感情投资
	兴趣爱好	品牌、车型	操控性、动力性、投其所好
	家庭成员		内部空间、后备厢、感情投资、舒适性
使用车的经历	品牌、车型	品牌、车型	品牌价值、品牌口碑、品牌实力
	当初选购的理由		
	不满意的因素	品牌、车型	
购买时间		重要程度	早买早享受、价格与国际接轨、后续跟踪

二、学会提问

消费行为是一种表现在客户采购产品时的行为倾向。客户会询问许多他们不明白的问题，以解决内心的怀疑，他们会运用各种可能来调查、了解面对的商家、汽车销售顾问。他们用眼睛观察，用耳朵倾听，用四肢感知，用大脑思考，集合所有收集到的信息做最后的判断。他们观察汽车销售顾问的衣着，考虑其推荐的产品是否符合他们的标准和需求；他们感受车行内大厅的气氛、布置，甚至努力通过车行内其他客户的表现来感受汽车销售顾问的声誉；他们不仅观察自己的汽车销售顾问，还会观察其他汽车销售顾问（举止、谈吐），分析他们的话语。以上这些都是消费行为的表现。汽车销售顾问试图努力影响的就是客户最后的判断结果，争取获得客户的信任才是第一位的。

许多汽车销售顾问认为，首先应该努力让客户喜欢上自己推荐的产品，或者一些初级的汽车销售顾问努力完成的第一件事就是达成签约。但是从客户的第一次拜访到签约是一个漫长的过程，尤其是对于价格较高的产品，这其中包含许多步骤，其中的第一步就是获得信任。要获得一个陌生人的信任是有一定难度的。

赢得一个人的信任的第一步就是了解这个人，了解他的文化、思想、价值观，了解他喜欢什么、讨厌什么。在没有足够的时间和机会的情况下，怎么用较短的时间来了解一个陌生人呢？比较常见的办法就是分析他的行为。一个人的言谈举止揭示了他的内心世界，也揭示了他的思想及价值观。

客户一般会通过他们的提问、行为举止、议论流露出他们的思想、观点，以及他们认为的符合他们需要的车的标准的要素。

汽车销售顾问在了解客户需求的过程中，需要不断提问。因此，掌握好提问的技巧，可以更快、更准地发现客户的真正需求。汽车销售顾问在询问客户时一般有两种询问方式，一种为封闭式询问，另一种为开放式询问。封闭式询问的目的是确认信息，从逻辑上来说可以用"是"或"不是"来回答；开放式询问的目的是收集信息，这种询问可以获得客户的大量信息，对客户了解越多，就越有利于把握客户的需求。开放式询问可以采用 5W1H 的方式（图 3-3-2）。

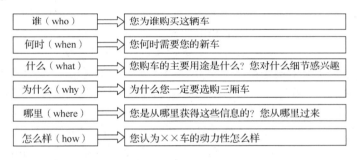

图 3-3-2　5W1H

建议汽车销售顾问提问时遵循以下顺序。

1）一般性问题：过去或现在，如"您过去开过什么车"。

2）辨识性问题：现在或未来，如"您现在希望买一台什么样的车"。

3）连接性问题：未来，"您觉得 2.0 升的发动机怎样"。

汽车销售过程中常见的提问可以参考以下句子。

1）为了能够向您提供积极的建议，我需要尽可能准确地了解您的意愿，我可以问您几个问题吗？

2）您在车型、发动机和装备方面有什么要求？

3）您最想了解的问题是什么？

4）您现在用的是什么类型的车？

5）关于您现在所开的车，您能给我提供什么建议？

6）您的职业是什么？

7）您现在所开的车的用途是什么？

8）您是何时决定买车的？

9）您何时需要您的新车？

10）您的新车的平均里程将会是多少？

11）您主要是用于短途行程还是长途行程？

12）您一般是自己开车还是会搭载其他乘客？

13）您计划花多少钱买车？

14）您认为车中哪些设备是必需的？

15）您对现在驾驶的车哪些方面最满意？

专业的汽车销售顾问应该学会使用封闭式询问来获得客户的赞同。例如，"×先生，这真是一个非常好的功能，不是吗？""×先生，这对您很重要，不是吗？""×先生，这难道不是物有所值吗？""×先生，这感觉非常舒服，不是吗？""×先生，这是个很棒的系统，不是吗？"

三、学会倾听

了解客户的需求是一种崭新的观念，是以客户为中心的基础，以这种观点和理念进行销售，将会取得更长远的、更好的效果。美国知名主持人林克莱特某天在访问一位小朋友时说："你长大后想当什么呀？"小朋友天真地回答："嗯，我要当飞行员！"林克莱特接着问："你的飞机飞到太平洋上空，所有发动机都熄火了，你怎么办？"小朋友想了想："我会告诉坐在飞机上的人系好安全带。然后，挂上我的降落伞跳出去。"当时在场的观众笑得东倒西歪，林克莱特继续注视着这个孩子，想了解他的真实想法。没想到，这孩子的两行热泪夺眶而出，这才使得林克莱特发觉这个孩子的悲悯之情远非笔墨所能形容。于是林克莱特问他："为什么要这么做？"小孩的答案透露出一个孩子真挚的想法："我要回去拿燃料，我还要回来的！"当你倾听别人说话时，真正听懂对方说的意思了吗？如果不懂，就请听别人说完，这就是听的艺术。所以汽车销售顾问在进行需求分析时要做一个好的倾听者，听话不要听一半，不要把自己的意思投射到别人所说的话上，要通过倾听的技巧来了解客户的感受。

（一）倾听的 5 个层次

汽车销售顾问要通过积极倾听，避免误解，让客户有受尊重的感觉。倾听包括 5 个层次，如图 3-3-3 所示。

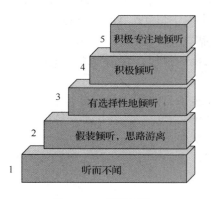

图 3-3-3 倾听层次

（二）倾听的类型

1. 主动倾听

客户需要什么样的车，有什么样的顾虑，有什么样的要求，都想告诉汽车销售顾问，让汽车销售顾问给他当参谋。如果他发现汽车销售顾问没有仔细听他讲，他就会心生不满，后果可想而知。

2. 被动倾听

人们会主动倾听与自己切身利益有关的信息，除此之外还有一种倾听方式是被动倾听，被动倾听实际上是一种假象。例如，我们一般会遇到这种情况，大家在一起谈业务，你在说时，对方对你说话的内容点头或说"是"，这个时候你会感觉他在听；可是当你讲完时，他又会问你："你刚才说什么？"那就说明他心不在焉，只是表面上在听，一旦让他表态，就不知道你刚才说的内容。

（三）倾听的方法

汽车销售顾问在了解客户的需求、认真倾听的过程中还要注意一些方法。

1. 注意与客户的距离

有的客户很敏感，人与人之间的距离也是很微妙的，那么什么距离才会让客户有安全感呢？当一个人的视线能够看到一个完整的人时（图3-3-4），会让人产生安全感。

图 3-3-4　注意交谈距离

心理学中基本的安全感就是出自这个角度。当你与客户谈话，还没有取得对方的信任时就与对方离得很近，对方会有一种自然的抗拒、抵触心理。心理学中有这样的理论，当一个人对另一个人反感的时候，他连对方身体散发出来的味道都讨厌；当一个人对对方有好感的时候，他会很乐于与对方沟通。

2. 注意与客户交流的技巧

（1）认同对方的观点

汽车销售顾问要认同对方的观点，只要与买车没有原则上的冲突，就没有必要去否定对方的观点。你可以说："对，您说得很有道理。"同时还要点头、微笑，并说"是"。这样客户才会感觉到你的和蔼可亲，特别是有 3 个字要经常挂在嘴边，即"那是啊"。这 3 个字说出来，能让对方在心理上感觉非常轻松，感受到你对他的认同。

（2）善于应用心理学

对于汽车销售顾问，掌握心理学是非常重要的。从心理学的角度讲，两个人要想成为朋友，一个人会把自己的秘密告诉另一个人，达到这种熟悉程度需要多长时间呢？权威机构在世界范围内的调查结果是，至少需要 1 个月。

我们都会有第一次进入公司的经历。新员工和老员工即使每天在一起上班，能够达到相互把自己内心的一些秘密告诉对方所需要的时间也可能不止 1 个月。就汽车销售顾问与客户的关系，要想在客户在店里的短短几十分钟里确立并巩固，显然不是件容易的事情。在这种情况下，汽车销售顾问要赢得客户，不仅要掌握交流的技巧，还要适当掌握心理学方面的知识。

运用心理学进行销售时，汽车销售顾问应遵循以客户为中心的顾问式销售原则，对客户的需求进行分析，本着对客户的购买负责的态度，为客户提供一款适合他们需求的汽车。

情境训练

王先生是私营企业主，经常出差，有时也要接送客户。王先生家里有 3 口人，孩子比较小。他平时喜欢外出自驾游，之前有一辆雪佛兰赛欧，现在想置换一辆新车，价位在 20 万元左右。假如你是汽车销售顾问，请接待一下王先生。

1）分组讨论，编写模拟接待话术。

2）每组根据所编写的脚本进行情境演练。

评价与反馈

1）分组讨论各组值得鼓励和应该改进的地方，讨论后各请一名组员上台总结。

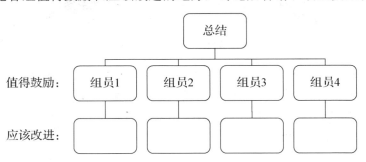

2）学习活动评价。根据以上活动填写学习活动评价表（表3-3-2）。

表3-3-2　学习活动评价表

班级：　　　　　　　　　　　　　　组别：

项目	评价内容	配分	组员姓名		
关键能力考核项目	遵守纪律，遵守学习场所管理规定，服从安排	10			
	学习态度积极主动，能参加学习活动	20			
	有团队合作意识，注重沟通，能自主学习及相互协作	20			
专业能力考核项目	能询问客户的显性需求	25			
	能挖掘客户的隐性需求	15			
	自我提升，能提出改进意见	10			
小组评语及建议	组长签名：　　　　　　　　　　　年　　月　　日				
教师评语及建议	教师签名：　　　　　　　　　　　年　　月　　日				

任务四　需求分析操作技巧

任务描述

王亮昨天向张旭学习了一天，趁着还记得张旭的教诲，他急于寻找一位客户来实践一下。等了一上午，好不容易来了一位客户，王亮热情地迎上去，还没等他问话，那位客户就说道："带我去看看你们那款 B 车型。"针对此客户王亮该怎么运用学过的需求分析呢？

任务目标

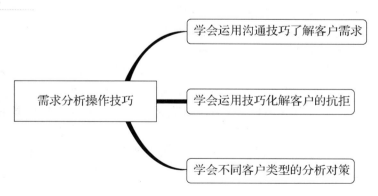

任务准备

1）需求分析中我们要会提问、会倾听，那么是否对于所有客户我们的问话方式都一样呢？

_____

_____

_____

2）你认为在做客户需求分析时，最终要达到的目标是什么？为什么？

_____

_____

_____

3）如果你今天接待的这位客户对你说的话表示肯定，但始终不跟你多说话，你该怎么办？

_____

_____

_____

_____

相关知识

一、沟通技巧

汽车销售顾问要能切实地对客户的需求进行分析，使客户乐于将他的需求甚至心里话讲出来，就需要具有良好的沟通技巧。拥有良好的沟通技巧的基础就是汽车销售顾问的个人特点，将个人特点变为个人魅力，让客户愿意接近和相信你，这样才有助于与客户的沟通。

需求分析技巧示范

个人特点有很多，这里列举以下 10 点。

1）专业知识：能使客户全面了解产品及享受产品利益。

2）年资经验：能使客户享受最佳的服务，为其迅速解决各种问题。

3）学历学识：能使客户接受良好的服务，能够为其解决各种问题。

4）诚实信用：能让客户不受欺骗与蒙蔽，为客户提供可靠的服务与资讯，遵守对客户的承诺，使客户放心。

5）乐观积极：能够使客户感受到快乐，在轻松愉悦的环境下得到迅速热诚的服务。

6）友善、信心：能使客户感觉温暖、和谐、安心，更能增强客户的信心。

7）姓氏：能使客户感受到是他的同宗，会有亲切的感觉，使其获得安全感。

8）信仰、价值观：能使客户认为有共同理念。

9）过去良好的记录：能证明自己的优点，有能力提供使客户满意的服务。

10）良好的人际关系：能带给客户更多的好处。

二、客户的抗拒应对

个人特点能够让客户对汽车销售顾问产生好感，这是进行良好沟通的前提。在与客户进行沟通时，汽车销售顾问必须接受的是客户的抗拒。没有抗拒反而变得难以销售，销售是从客户的抗拒开始的。

1. 抗拒的类型

1）拖延。例如，"我还要回去考虑考虑""我还没决定"，此种抗拒的原因在于客户的不了解，不了解导致需求不强烈。

2）借口敷衍。例如，"我要回去问问家人"，对待此种抗拒要用发问的技巧了解背后的真正原因，如"这么重要的事问一下家人很必要，我想问一下买车是给家人用的吗？"。

3）挑剔。所有的挑剔都是故意的，客户越挑剔就越能提升他杀价的空间。

4）逃避。逃避表现为没有信心，对产品不感兴趣，或是对汽车销售顾问没有信心。

5）沉默。这是一种天性，要用引导性的问句来让客户说话，同时也可以不断赞美客户。

6）冷漠。客户冷漠可能是由于汽车销售顾问说话的方式、腔调与他不合，也可能是因为听不懂汽车销售顾问的方言，这需要汽车销售顾问在与客户接触的过程中不断检讨自己。

7）改变话题。客户改变话题时要用引导性的问句将他的话题拉回来。

8）情绪性反应。吵架、坚持自己的意见都属于情绪性反应，这时汽车销售顾问要转移客户的注意力，对其赞美和表示歉意。

9）辩论。客户的辩论是天性，是对产品表示不满。

2. 克服客户抗拒的常见方法

克服客户抗拒（图 3-4-1）的方法包括：预期客户的抗拒并事先做好应对准备；保持冷静，设法巧妙避开；审慎做出回答，不胡乱猜测客户的心思，乱答一通；表示了解客户的立场、感觉，并接受客户的感觉；以积极的态度回答，并通过发问找出客户抗拒的真正原因；再次强调产品、公司、个人的优点、价值、利益；将不利点巧妙地变成有利点。图 3-4-1 为客户抗拒的应对。

总之，在处理客户的抗拒时，不可以退缩或辩论，不能表现出情绪化或急于解释，而要先接受对方的感受，问清楚客户产生抗拒的原因，必要时再加以解释。

图 3-4-1　客户抗拒的应对

三、与客户沟通时的要点

1. 客户表达需求时

1）汽车销售顾问在和客户面谈时，应保持一定的距离，随时与客户保持眼神接触。

2）汽车销售顾问须保持热情，使用开放式问题进行提问，并主动引导，让客户畅所欲言。

3）汽车销售顾问必须适时使用开放式与封闭式询问方式，引导客户正确表达自己的需求。

4）汽车销售顾问可针对客户的同伴进行一些引导性的对谈话题。

5）汽车销售顾问须留心倾听客户的讲话，了解客户真正的需求。

6）汽车销售顾问应在适当的时机做出正面的回应，并不时微笑、点头，不断鼓励客户发表意见。

7）征得客户允许后，汽车销售顾问应将谈话内容填写在自己的销售笔记中。

8）汽车销售顾问必须随时引导客户针对车辆的需求提供正确的想法和信息以供参考。

2. 确定客户需求时

1）当客户表达的信息不清楚或模糊时，汽车销售顾问应及时进行澄清。

2）当汽车销售顾问无法回答客户所提出的问题时，应保持冷静，切勿提供给客户不明确的信息，并请其他同事或主管协助。

3）汽车销售顾问应分析客户的不同需求状况，充分解决及回复客户所提出的问题。

4）汽车销售顾问应协助客户整理需求，并适当地总结。

5）汽车销售顾问应协助客户总结其需求，推荐可选购的车型。

6）汽车销售顾问应将重要的需求信息及时上报销售经理，请求协助。

四、不同类型客户的分析对策

客户有多种类型，汽车销售顾问要根据客户的特点来选择合适的应对策略，所谓"知己知彼，百战不殆"，对客户的透彻了解可以使销售更加顺利。

1. 从容不迫型

客户特征：这类购车者严肃冷静，遇事沉着，不易为外界事物和广告宣传所影响。他们对汽车销售顾问的建议认真聆听，有时还会提出问题和自己的看法，但不会轻易做出购买决定。从容不迫型购车者对于第一印象恶劣的汽车销售顾问绝不会给予第二次见面的机会，而总是与之保持距离。

对策：对此类购车者，汽车销售顾问必须从熟悉产品特征着手，谨慎地应用层层推进引导的办法，多方分析、比较、举证、提示，使购车者全面了解利益所在，以期获得对方理性的支持。对于这类购车者，在打交道时，销售建议只有经过对方理智的分析思考才有被接受的可能；反之，拿不出有力的事实依据，不能耐心地说服讲解，销售是难以成功的。

2. 优柔寡断型

客户特征：这类购车者对是否购买某一车型或颜色等犹豫不决，即使决定购买，也会对价格、赠送、品牌、售后等反复比较，难于取舍。他们外表温和，却瞻前顾后、举棋不定。

对策：对于这类购车者，汽车销售顾问首先要做到不受对方影响，商谈时切忌急于成交。要冷静地诱导购车者表达出所疑虑的问题，然后根据问题做出说明，并拿出有效例证，以消除购车者的犹豫心理。等到对方确已产生购车欲望后，汽车销售顾问不妨直接采取行动，促使对方做出决定，必要时要主动帮对方做决定，如"好！那现在我就拿《定金协议》给您签吧！"或"好，现在我带您去交款吧！"

3. 自我吹嘘型

客户特征：这类购车者喜欢自我夸耀，虚荣心很强，总在别人面前炫耀自己见多识广，高谈阔论，不肯接受他人的劝告。对这类购车者进行销售的要诀是，从他熟悉的事物中寻找话题，适当利用请求的语气。

对策：在这类购车者面前，汽车销售顾问最好做一个忠实的听众，并为对方称好道是，表现出一种羡慕钦佩的神情，彻底满足对方的虚荣心，这样对方就较难拒绝汽车销售顾问的建议。

4. 豪爽干脆型

客户特征：这类购车者多半乐观开朗，不喜欢拖泥带水的做法；决断力强，办事干脆豪放，慷慨坦直；但往往缺乏耐心，容易感情用事，有时会轻率马虎。

对策：与这类购车者交往，汽车销售顾问必须掌握火候，使对方懂得攀亲交友胜于买卖，介绍时干净利落，简明扼要地讲清楚销售建议。基于对方的性格和所处场合，对方很可能会干脆爽快地给予回复。

5. 喋喋不休型

客户特征：这类购车者的主要特点是喜欢凭自己的经验和主观意志判断事物，不易接受别人的观点，他们一旦开口，便滔滔不绝，虽口若悬河，但常常离题万里，汽车销售顾问如不及时加以控制，就会使与对方的洽谈成为家常式的闲聊。

对策：对于这类购车者，汽车销售顾问要有足够的耐心和控场能力，当对方叙述评论兴致正高时引入销售的话题，使之围绕销售建议而展开交流。当购车者情绪激昂、高谈阔论时要给予合理的时间，切不可在购车者谈兴高潮时贸然制止，否则会使对方产生不满。一旦双方的销售协商进入正题，汽车销售顾问就可任其发挥，直至对方接受你的建议为止。

6. 沉默寡言型

客户特征：这类购车者与喋喋不休型购车者正好相反，他们老成持重，稳健不迫，对汽车销售顾问的宣传劝说之词虽然认真倾听，但反应冷淡，不轻易表现出自己的想法，其内心感受和评价如何，外人难以揣测。一般来说，沉默寡言型购车者比较理智，感情不易激动，汽车销售顾问应该避免讲得太多，尽量使对方有讲话的机会和体验的时间，要循循善诱，着重以逻辑启导的方式劝说购车者，详细说明车辆的价值和销售利益所在，并提供相应的资料和证明文件，供对方分析思考、判断比较，加强购车者的购买信心，引起对方的购买欲望。

对策：对待这类购车者，汽车销售顾问要表现出诚实和稳重，特别注意谈话态度、方式和表情，争取给对方留下良好的第一印象，提高自己在购车者心中的美誉度。只有善于解答购车者心中的疑虑，了解和把握对方的心理状态，才能确保双方面谈的过程不致冷淡和中断破裂。

7. 吹毛求疵型

客户特征：这类购车者怀疑心重，一向不信任汽车销售顾问，片面认为汽车销售顾问只会夸张地介绍车辆的优点，而尽可能地掩饰其缺点与不足。这类购车者多半不易接受他人的意见，而是喜欢挑剔，一味唱反调，争强好胜，喜欢当面与汽车销售顾问辩论。

对策：与这类购车者打交道时，汽车销售顾问要采取迂回战术，先与他交锋几个回合，但必须适可而止，最后故作宣布"投降"，假装战败而退下阵来，心服口服地宣称对方高见，并伴赞对方独具慧眼、体察入微，让其吹毛求疵的心态发泄之后，再转入销售的论题。身处这种场合，汽车销售顾问一定要注意满足对方争强好胜的习惯，请其批评指教、发表意见和看法。

8. 虚情假意型

客户特征：这类购车者大部分在表面上十分和蔼友善，欢迎汽车销售顾问的介绍。汽车销售顾问有所问，他们就肯定有所答；汽车销售顾问有所求，他们也会或多或少有所允。但他们唯独对购买缺少诚意。如果汽车销售顾问明确提出购买事宜，对方则会顾左右而言他，或者装聋作哑，不做具体表示。

对策：对于这类购车者，汽车销售顾问首先要取得对方的信赖，空口白牙是无法使他们心悦诚服的，必须拿出有力证据，如关于已购车者的反馈、权威部门认可的鉴定证明等。在这类购车者面前，汽车销售顾问应有足够的耐心与之周旋，同时可提出一些优惠条件供对方选择考虑。这类购车者认为汽车销售顾问一定会抬高报价，所以一再要求打折扣，甚至怀疑产品的质量。此时，汽车销售顾问正确的做法是不能轻易答应对方的过分要求，否则会进一步动摇他们的购买决心和购买欲望。一般来说，这类购车者在适当的条件下，洽谈成交也是有可能的，所以汽车销售顾问不要轻易放弃说服工作，只要有 1% 的成功希望，就要投入 100% 的努力。

9. 冷淡傲慢型

客户特征：这类购车者多半高傲自恃，不通情达理，轻视别人，不善与他人交往，其最大特征就是具有坚持到底的精神，比较顽固，不易接受别人的建议，但一旦建立起业务关系，则能够持续较长时间。由于这类购车者个性严肃而灵活性不够，对销售商品和交易条件会逐项检查审阅，商谈时需要花较长时间，汽车销售顾问在接近他们时最好先由熟人介绍。

对策：对于这类购车者，有时候汽车销售顾问用尽各种宣传技巧之后，所得到的依然是一副冷淡、傲慢的态度，甚至是刻薄的拒绝。汽车销售顾问必须事先做好思想准备，碰到这种情况时，可以采取激将法，给予适当的反击，可以说："别人说你不好说话的哦！不过我觉得并非如此啊！"如此这般以引起对方辩解表白，刺激对方的购买兴趣和欲望，有时反而更容易达成销售交易。

10. 情感冲动型

客户特征：一般来说，这类购车者具有以下特点。第一，他们对于事物变化的反应敏感，一般人容易忽视的事情，这类购车者不但能够注意到，而且可能耿耿于怀；第二，他们过于自省，往往对自己所采取的态度与行为产生不必要的顾虑；第三，他们的情绪表现不够稳定，容易偏激，即使在临近签约时，也可能忽然变卦。

对策：这类购车者往往感情用事，稍受外界刺激便为所欲为，至于后果如何则毫不顾忌。这类购车者反复无常，捉摸不定，在面谈中常常打断汽车销售顾问的宣传解释，妄下断言，而且可能对自己的原有主张和承诺因一时冲动而推翻，从而给销售制造难题。面对此类购车者，汽车销售顾问应当采取果断的措施，切勿碍于情面，必要时提供有力的说服证据，强调给对方带来的利益与方便；提出销售建议，做出成交尝试，不断敦促对方尽快做出购买决定；言行谨慎周密，不给对方留下冲动的机会和变化的理由。

11. 心怀怨恨型

客户特征：这类购车者对销售活动怀有不满和敌意，若汽车销售顾问主动介绍，便不分青红皂白，不问清事实真相，满腹牢骚破口而出，对汽车销售顾问的宣传介绍进行无理攻击，造成难堪局面。针对这类购车者的言行特点，汽车销售顾问应看到其一言一行虽然貌似无理取闹，但实际上有某种失望和愤怒的情感掺杂在里面。

对策：这类购车者的抱怨和牢骚中可能有一些是事实，但大部分情况是因其不明事理或存在误解而产生的；而有些人则凭个人的想象或妄断对汽车销售顾问做出恶意的攻击。与这类购车者打交道时，汽车销售顾问应先查明购车者抱怨和牢骚产生的原因，并给予同情和宽慰，一定要心平气和。

12. 圆滑难缠型

客户特征：这类购车者要强且顽固，在与汽车销售顾问面谈时，首先固守自己的阵地，并且不易改变初衷；然后向汽车销售顾问索要车辆宣传资料等，继而找借口拖延，还会声称找其他 4S 店购买，以观汽车销售顾问的反应。倘若汽车销售顾问的经验不足，便容易因担心失去主顾而主动提出更优惠的成交条件。

对策：针对这类购车者，汽车销售顾问要预先洞察其真实意图和购买动机，在面谈时营造一种紧张的气氛，如现货不多、已有人订购等，使对方认为只有当机立断做出购买决定才是明智之举。在如此紧逼的气氛中，汽车销售顾问再强调购买的利益与产品的优势，加以适当的"引诱"，如此双管齐下，购车者就没有了纠缠的机会，失去退让的余地。由于此类购车者对汽车销售顾问缺乏信任，不容易接近，他们又总是以自己的意志强加于人，往往为区区小事与汽车销售顾问争执不下，因而汽车销售顾问要事先有受冷遇的心理准备。在洽谈时，他们会毫不客气地指出产品的缺点，且先入为主地评价车辆的缺点和 4S 店的实力，所以在面谈时，汽车销售顾问必须准备足够的资料和佐证。另外，这类购车者往往在达成交易时会提出较多的额外要求，如送装饰、打折、送服务等，因此，汽车销售顾问要事先在价格及交易条件方面有所准备，使得销售过程并然有序。

> **情境训练**
>
> 今天王亮需要接待一对夫妇，其中张先生是一名企业高管，为人较理智，对车辆信息有一定了解，但是他的夫人是一个比较感性的人，而张先生又比较尊重其夫人的意见。请根据学习的需求分析技巧接待这对夫妇。
>
> 1）分组讨论，编写模拟接待话术。
> 2）每组根据所编写的脚本进行情境演练。

评价与反馈

1）分组讨论各组值得鼓励和应该改进的地方，讨论后各请一名组员上台总结。

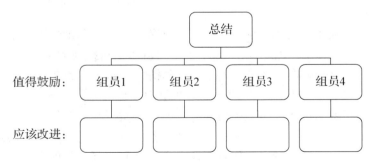

2）学习活动评价。根据以上活动填写学习活动评价表（表 3-4-1）。

表 3-4-1　学习活动评价表

班级：　　　　　　　　　　　　　　　组别：

项目	评价内容	配分	组员姓名			
关键能力考核项目	遵守纪律，遵守学习场所管理规定，服从安排	10				
	学习态度积极主动，能参加学习活动	20				
	有团队合作意识，注重沟通，能自主学习及相互协作	20				
专业能力考核项目	能按要求完成客户接待任务	10				
	能根据客户特点设计接待对策	20				
	能利用沟通技巧了解客户需求	10				
	自我提升，能提出改进意见	10				
小组评语及建议			组长签名： 　　　　年　　月　　日			
教师评语及建议			教师签名： 　　　　年　　月　　日			

项目四 产品介绍

项目导入

张旭语重心长地对王亮说："之前对客户的需求分析你已经做得很不错了，可是只知道客户需求还远远不够，一名优秀的汽车销售顾问要做的就是把产品恰到好处地介绍给客户，而这一条也是你现在要攻克的最大难题。昨天那位客户问你：'小王，你们家的品牌算是高档还是中低档啊？我觉得你们这个价位的车型所有配置不大够呀。'那时你根本无从回答，因为你之前学习的时候不知道品牌有什么价值，车型的配置又代表什么，更无法为客户做有力的推荐，所以，接下来你要认真学习的就是怎样为客户介绍一款车型。"

项目分析

在了解客户的需求之后，汽车销售顾问应看准机会，以客户的利益为依据，将汽车产品的优势介绍给客户。因为商品说明的过程是针对客户真正的需求而进行的，所以往往能打动客户的心。在介绍过程中我们要遵循一定的程序以期获得最大的成效。在做商品介绍时，汽车销售顾问要随时注意客户的反应，并根据客户的需求随时准备做适当的调整。本项目将涉及以下知识点：

1）六方位介绍法与 FAB 介绍法。

2）竞争车型对比。

3）试乘试驾。

任务一 六方位介绍法与 FAB 介绍法

任务描述

王亮把张先生带到了他心仪的展车前。张先生对王亮说："小王，今天我是专程来看这款车的，在电视的广告里一看到这款车就被它的外形吸引住了。你把这款车仔细地介绍一遍吧。"王亮热情地为张先生做起了介绍……

任务目标

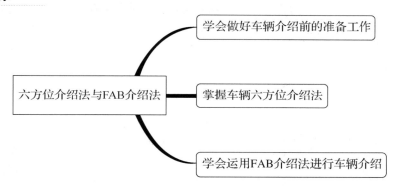

六方位介绍法与FAB介绍法

学会做好车辆介绍前的准备工作

掌握车辆六方位介绍法

学会运用FAB介绍法进行车辆介绍

任务准备

1）在做车辆介绍之前你认为需要做什么准备？

_____
_____
_____

2）在为张先生介绍时，你认为应该按照怎样的顺序比较合适？

_____
_____
_____

3）车辆六方位介绍主要是指哪 6 个方位？各个方位的介绍重点是什么？

_____
_____
_____
_____

4）什么是 FAB 介绍法？运用 FAB 介绍法的关键是什么？

_____

_____

_____

_____

相关知识

　　车辆介绍是销售流程中关键的一步。通过这一步，汽车销售顾问可以展示自己的专业知识，激发客户的购买兴趣。专业的车辆介绍不仅能够建立客户对于展厅销售产品的信任，也能建立客户对于汽车销售顾问的信任，从而达成良好的合作。在车辆介绍过程中做出购买决定的客户占最终购买客户的 70% 以上，而客户做出不购买决定也常常发生在车辆的介绍过程中。

一、做好准备工作

1. 准备车辆

1）确保车辆清洁。
2）确保电瓶有电。
3）确保油箱存有适量的燃油。
4）方向盘调整至最高位置。
5）确认所有座椅都调整回垂直位置。
6）钥匙放在随时可以取放的地方。
7）驾驶员的座椅适当后移。
8）前排乘客座椅适当前移。
9）座位的高度调整至最低。
10）调试好收音机的音量与频道。

2. 准备资料

　　汽车销售顾问在介绍车辆之前，要准备好客户需求评估表（了解客户需求）、产品配置表（了解产品配置、提供符合需求的产品配置）、相关技术参数与图片及相关媒体报道（提供佐证资料，证明真实性）、性价比工作单（了解竞争品牌，进行竞争比较分析）。

二、六方位介绍法

　　六方位介绍法，即六方位绕车介绍法，是指汽车销售顾问在向客户介绍汽车的过程中，围绕汽车的车前方、车侧方、车后方、车后座、驾驶室、发动机舱这 6 个方位展示汽车。但在实际工作中，6 个方位没有一定的顺序要求，应以客户的需求为出发点，汽车销售顾问要按照客户要求进行讲解，并把 6 个方位的要点融合进去。

　　六方位介绍法运用时的注意要点如下。

车辆六方位介绍

1）每个方位都有一个最佳的站位点，要根据客户的特点主动引导。

2）每个方位都有最适合介绍的内容，要展示给客户。

3）方位没有顺序，也不是必须一次介绍6个方位，而是根据客户需要进行介绍。

4）每个方位都有一定的介绍话术，要多积累和总结。

举例说明如下。

1. 车前方

介绍车前方时没有具体的位置，要结合车型特点、客户身高特点及客户兴趣选择合适的位置。汽车销售顾问一般在车左大灯前80厘米左右，面对客户；邀请客户在离车正前方45°、2～3米的距离处观看车（图4-1-1）；局部介绍须五指并拢，手心向上引导客户观看，必要时可微微躬身。

图 4-1-1　车前方

位置特点：车前方是最有利于看清车特征的角度，通常可以在这个位置向客户做产品概述。

介绍要点：整车造型设计、车头前端设计、前照灯、前格栅设计、车标志设计、风窗玻璃清洗装置、车头下方的通过护板（如配备）等。

话术举例：

展示在您面前的是这款车大致的外形，其流畅的曲线显得非常俊朗、清秀。这款车令人难忘的圆润的前脸造型稳重、大方，配合大坡度的设计，给人美感的同时有效地降低了行驶时的风阻力，大大提高了燃油经济性；配上大尺寸的镀铬格栅和简洁明快的标志设计，体现了驾驶者的尊贵身份及品位；两侧超大晶钻组合前照灯，亮度超强，配多角度反射曲面，照射范围宽广，为您提供充足的路面信息，夜间驾驶也能轻松掌握前方路况。

2. 车侧方

在车侧方进行介绍时，应将客户邀请至B柱外60～100厘米的位置观看车（图4-1-2）。

位置特点：在车侧方介绍时有两个位置，一般情况下在一侧介绍车的外观和特色装置，在另一侧介绍车的安全配置。

图 4-1-2 车侧方

介绍要点：车侧线条、轮胎与轮毂、宽大的车内空间、优良的行驶性能设计、前后悬架、车身稳定系统、上下坡辅助控制系统、冲撞吸能式车身、减轻对行人伤害的车身、吸收冲击结构所隐藏的人性化设计、再生材料的应用。

话术举例：

现在就让我们看看车侧方的一些特点。与车身同色的门把手、后视镜和防擦条显得非常整洁。全车采用 G-force（通过在碰撞发生时，控制对车体、乘员和行人的冲击力，从而降低人员所受伤害，同时保障车内乘员的安全并兼顾行人安全的安全技术）控制安全车架，两侧设有防撞钢梁，大大加强了 A、B、C、D 柱车顶两侧对冲击的吸收能力，可以阻挡来自侧方的撞击，从而很好地保护车内人员。新型的四轮独立悬架，提高了乘坐的舒适性。智能化的适时四驱系统，可根据路况自行调节切换，反应时间短，切换顺畅，无论是在城市还是在山野小道都会给您以超凡的驾驶感受，在高动力和低油耗之间达到理想的平衡。

3. 车后方

汽车销售顾问适合站在车辆右后方的位置进行介绍；邀请客户在距离车辆后保险杠 50 厘米左右的车左后方或正中的位置观看（图 4-1-3）。

图 4-1-3 车后方

位置特点：可以突出尾灯和保险杠，在这里也可以介绍汽车的排放。

介绍要点：车尾部设计、高位制动灯、后备厢开启方式、后尾灯、后保险杠、后备厢容积、倒车雷达等。

话术举例：

先生，您看这款车的尾部造型是典型的 SUV 车型设计，造型粗犷，充满了越野风格，配上超大型直立组合后尾灯且设计位置较高，有利于保持与后面车辆的距离，避免追尾事故的发生。这款车 90°侧开式尾门空间超大，527 升空间可以任意放下大型物品，后排座椅折叠以后的容积为 952 升，可以同时放两辆 26 英寸的自行车，为同级别最大的车型。

4. 车后座

汽车销售顾问可在展车内或展车外介绍，但一定要邀约客户进入展车内参观，同时积极鼓励客户更多地体验车辆，激发客户的想象，促进其产生希望拥有该款车的冲动（图 4-1-4）。

图 4-1-4　车后座

位置特点：在这里主要介绍后部空间及一些有特色的装置。

介绍要点：后排中央扶手处的控制板、车载冰箱、可移动式后排座椅阅读灯、后排空调出风口、后窗电动式遮阳幕、后窗侧窗帘、后排左右座椅、童椅及顶部绳索固定装置等。

话术举例：

这款车的后座空间相当宽大，60/40 可分开式折叠滑动座椅配有可上下调节的头枕，在您疲劳时仰卧其中会感觉相当舒适，座椅可前后翻动，节省了空间。此外，两个后门还专门配备了儿童安全锁，这样就可以避免后排乘坐儿童时车门不经意的开启对其造成的伤害。全车采用了绿色隔热防紫外线玻璃，既能够有效地抵挡车外热量的侵入，又能阻挡 86%以上的紫外线，确保了车内乘坐的舒适性。

5. 驾驶室

汽车销售顾问打开驾驶室车门，站在 B 柱位置前为客户介绍方向盘、变速箱；请客户进入展车，汽车销售顾问以标准蹲姿为客户操作电动座椅（图 4-1-5），蹲着或者在得到客户允许以后坐到副驾驶席继续介绍其他功能。

图 4-1-5 驾驶室

位置特点：在此位置可以鼓励客户打开车门坐进驾驶室，帮助客户调整座椅。

介绍要点：宽敞的车内空间、高品质感的内饰设计、前排电动调节座椅、转向盘操控按钮、左右独立式新型自动空调、等离子发生器、顶式操控台、带有顶棚照明的遮光罩、大型杂物箱、前排二级式及护膝部双 SRS（supplemental restraint system，辅助防护系统）、侧部 SRS 及窗帘式 SRS 等。

话术举例：

下面我们一起到车的驾驶室看一下，四车门均可大角度开启，这样极大方便了驾驶人及乘客上下车。您看，新款车在原有的基础上，室内空间更大，非常宽敞，无压抑感。驾驶室内的双色设计风格是目前比较流行的，营造了一种温馨的家居气氛。内饰采用了防火阻燃材料，不但经久耐用，而且不易燃烧，非常安全。方向盘高度可以自动调节，并带有音箱控制键，免去了您在驾驶过程中用手调音调台的麻烦，提高了您的驾车安全性。下方配有全自动空调调节装置，双向 180° 全角度出风口设计配合高性能斜坡式压缩机运转，阻力低、效率高。您的上方设有顶置的眼镜盒，方便存取，节省空间。旁边是地图阅读灯及两侧豪华型遮阳板，内设化妆镜，顶部的电动开关可开启天窗，在为您营造美好光线的同时也净化了室内空气。

6. 发动机舱

汽车销售顾问介绍发动机舱时应离开车辆前端来到驾驶室旁；打开车门，拉动发动机舱盖锁定释放杆；关上驾驶室门，返回车辆前端，用双手打开发动机舱盖（图 4-1-6）。

图 4-1-6 发动机舱

位置特点：在这里主要介绍发动机的特点和发动机的动力性。

介绍要点：发动机盖设计（外观、开启位置、开启方式、重量、隔热隔音护板）、发动机舱布局、发动机技术、变速器技术、排量、油耗等。

话术举例：

让我们再来看一看这款车的心脏——发动机舱。它布局合理、整洁，配有目前最先进的i-vtec（variable value timing and lift electronic control，可变气门正时升程控制）技术的全铝发动机。它最大的特点是经济性和动力性完美结合，出色的经济性并没有减少您对动力的要求，118 千瓦的功率和 220 牛·米的最大转矩为同级别车最大，这款发动机运转起来非常安静，配上具有降噪、隔音、减震的双层发动机罩，在高速行驶时车内的噪声也非常小，并且能达到欧Ⅵ排放标准，体现了这款车的环保性和经济性优势。

三、六方位介绍的实际运用

下面以卡罗拉为例介绍六方位介绍法的实际运用，如表 4-1-1 所示。

表 4-1-1　卡罗拉六方位介绍

方位	特性	优势	对客户的好处
车前方	流畅大气的车身线条	车身线条既有力量感又不失美观。双"U"字微笑前脸造型。通过对车身表面和底盘的平整化设计，实现了超低风阻空气动力学性能	高腰线的设计，使整车看起来具有高档车的视觉效果，动感十足，引人注目。风阻系数（Cd）仅为 0.28，在同级车中最为优异
	车速感应式雨刮器	雨刮器间断动作会根据车速的变化而变化，车速越快，雨刷刮的速度也就越快	充分保证驾驶者的清晰视线，减少了频繁调节的麻烦
	宝石般极具豪华感的前大灯	前大灯灵性锐利，与动感车身相得益彰，拥有外扩立体感的造型设计，照明效率更高，功能性更强，并可根据光线变化，自动点亮或熄灭，美感与实用性兼备	既保证了外形美观，又保证了夜间驾驶和转向时的良好视线
	前雾灯	前雾灯具有极高的穿透力和非凡的照射能力	在恶劣天气中能有效提高前方能见度，为驾驶者指明方向
	碰撞缓冲车身	引擎盖、前车身、前格栅部分的设计能够吸收更多的撞击力，同时还在前保险杠使用吸收力很强的材料缓冲车身碰撞	减少对行人腿部的冲击
车侧方	电动外后视镜	大面积的后视镜可提供更为合适的后视角度和宽广的视野。在倒车或通过狭小街道时，可以将后视镜折叠，避免剐蹭	减小驾驶者侧后方的盲区，使车辆免于剐蹭
	车门防撞钢梁	车门板的内侧加装了防撞钢梁，提升了侧面撞击的安全性	不仅在看得到的地方安置了很多安全装备，还在看不到的地方提升了车辆的安全性，特别是针对危险而又常见的侧面撞击
	GOA（global outstanding assessment，世界顶级水平的安全设计）安全车身构造	车身门框上配置了大型加强筋材料，因此提高了车舱的横向强度。车门加强筋、车门防入侵构造，使得车身具有在发生冲撞时能分散冲撞力并传给车舱的构造。对车门及车门内饰、功能件布置得精求精，提高了车门吸收能量的性能。减轻了二次冲撞时乘客所受的冲击	通过变形吸收受到的外力，保证车内成员的安全

方位	特性	优势	对客户的好处
车侧方	轮胎和轮毂	15 英寸铝合金轮毂结合 195/65R15 轮胎	重量轻、散热性好，令整个车轮抓性更强，行驶更稳定
	悬架	前悬架为麦弗逊式独立悬架，后悬架为扭力梁式	完美地兼顾了舒适性和操纵性
车后方	车身后部外形	起伏感的尾部造型，通过与前车灯遥相呼应的组合尾灯，以及保险杠上配置的圆形后射镜的设计，诠释出跑车般的后部造型	更加美观时尚，更具动感
	后尾灯	宽大的后尾灯使车身看起来更加宽大。组合尾灯将制动、倒车、后雾灯和转向信号灯巧妙整合，造型独特美观，动感华丽	宽大的尾灯配合收紧的车身尾部线条，使整车看起来精神焕发。行驶时色彩绚烂耀眼，更显高贵
	排放	达到了欧Ⅳ排放标准	排放是目前最高的标准，既保护了环境，又因大量新技术的采用而降低了油耗
	先进的车架	多项只有高级车才使用的先进底盘技术，使驾乘的感觉更好	实现了超越同级车的驾驶感受
	拉伸阻尼弹簧	转弯、制动和路面不平时，拉伸阻尼弹簧能够更好地控制车身侧倾和车轮的抬起，从而保持车身稳定和驾驶平稳	行车更安全，乘坐更舒适
	脉动控制减震器	比其他车采用的普通液压减震器的效果更好	连最细小的震动也能够消除，让驾驶更加流畅舒心
	预紧减震阀	确保在控制低震动范围的阻尼力的同时也可控制高震动范围的阻尼力	在保持操纵稳定性的同时实现优越的驾驶舒适性
	同级车最大的后备厢	拥有 450 升的超大后备厢容积，如果将后排座椅放倒，更可容纳大而长的笨重行李，非常适合全家外出旅行或疯狂采购	后备厢可以轻松装载日常用品和行李
	不锈钢排气尾管	不锈钢排气尾管隐藏在后保险杠的右下方，既尊重了后方车辆和行人，又强化了整体的美感	有利于降低风阻系数，提高燃油经济性
车后座	低门槛设计	前后车门的门槛均为低门槛设计	方便乘客上下车，尤其是针对老人和儿童更加方便
	感官品质	细部的精致考究，精良的匹配品质，间隙、面差、比例的精细，内饰的精致	犹如现代家居般的内饰，日产汽车一贯的高品质工艺带给乘客赏心悦目的使用乘坐感受
	座椅	高级沙发般乘坐舒适的座椅	座椅更加美观舒适，坐上去给人轻松、舒服的感觉
	后排地板平整化设计	采用先进的 FF（Front-engine Front-wheel drive layout，引擎前置在车头，由前轮驱动整辆汽车的方式）开发平台，减少后排地板中间的隆起，使后排地板平整化，其高度仅为 30 毫米	令后排乘客丝毫感觉不到压迫感
	静音性能	完美的发动机和变速器搭配，加上全车多处采用的降噪隔音措施，使整车的噪声大大降低	极小的噪声带来更好的乘坐感受
驾驶室	三辐式带操控键的方向盘	三辐式带操控键的方向盘采用真皮包裹	握盘时会给驾驶者极佳的触觉享受和细腻精致的体验
	车速感应式电动助力转向方向盘	方向盘采用可溃式转向柱设计，并配以真皮包裹、木纹装饰，增加了豪华质感	外表美观，发生意外时还可以减少所受到的伤害。即使发生意外，也会给人留出更大的生存空间。根据车速可产生最合适的转向助力，在低速时增大助力，操控更灵敏、更轻松；在高速时减少助力，操控更精确、更安全

方位	特性	优势	对客户的好处
驾驶室	音响系统	高保真的 6 喇叭 CD 音响系统	超高音、超低音的播放，音响效果如同扬声器近在咫尺。无论是播放流行音乐还是收听广播，都可获得现场般的感受
	自发光式仪表盘	采用自发光式多功能显示仪表盘，灯光鲜艳生动，拥有渐显、渐弱的照明功能，仪表盘外饰采用翼状突起流线型造型设计	中央的驾驶信息显示屏能自动分析显示驾驶者的各项行车数据，让驾驶者对爱车的行驶情况了如指掌
	两级燃爆式 SRS	根据前部撞击力的大小，安装两级前 SRS。发生一般的不严重的碰撞时，前 SRS 膨胀较小；发生严重碰撞时，前 SRS 会膨胀较大	既能够有效保护乘客，又能够减少轻微碰撞时 SRS 打开对人的冲击
	预紧限力燃爆式安全带	当正面碰撞超出一定程度（可以启动 SRS）时，预紧器会立即向回收紧安全带。拉力限制器将限制安全带向回拉时作用于乘客身上的拉力，防止拉力过度伤害乘客	目前最先进的安全带，意外时可以以最快的速度拉紧乘客，同时还可以防止安全带拉力过紧伤害乘客，使驾乘者倍增安全感
	自动空调系统	自动空调系统采用了 PWM（pulse width modulation，脉冲宽度调制）变频冷气压缩机，设置于仪表板上方的中央出风口使风向上送，空调系统的空气滤清器配有花粉去除装置	既提高了空调性能，又更加节能，同时不会因风直接吹向乘客的脸部和头部而使其不适，令车内空气始终保持清新自然
	制动踏板	可溃式制动踏板	出现意外时可以减少驾驶者脚部受到的伤害
发动机舱	双 vvt-i（variable value timing-intelligent，可变气门正时技术）直列四缸发动机	装备了最新研制开发的双 vvt-i 直列四缸发动机	进一步提高了扭矩、输出功率和燃油经济性 3 项指标，实现了低转速、高扭矩和低油耗、高功率的完美统一，同时极大提升了发动机的响应性，将每一份力量平顺地传导至部件深处，时刻保证强劲动力
	手自一体变速箱	4 挡自动变速箱（Super ECT）轻量、紧凑化，还配备了 5 挡/6 挡手动变速箱，采用了更精密合适的齿轮比和低黏度的齿轮油，提高了燃油经济性，同时增加了变速箱与发动机的连接点	设计时减少了运动零部件的摩擦，使换挡更加顺畅，让驾驶更加轻松自如。手动模式也可让客户更好地体验驾驶乐趣
	ABS（antilock brake system，防抱死制动系统）	先进的 4 通路制动系统	ABS 能在制动时保持转向能力，防止跑偏、侧滑。大多数情况下可以缩短制动距离
	EBD（electronic brake force distribution，电子制动力分配）系统	EBD 可以根据车辆载重自动将前后轮制动力分配比例调整到最佳状态	有效缩短制动距离，防止跑偏、侧滑。与 ABS 配合使用，可以实现最佳的制动效果
	BA（baker aid，紧急制动辅助）系统	紧急制动时，无须猛踩刹车踏板。只要踩得够快，判定为紧急制动，便可自动提早启动 ABS	紧急制动时有效缩短制动距离。用更轻的踩踏板力便可发挥同样的制动力。尤其适合女士（踩踏板力量较小人士）使用
	真圆加工工艺	真圆加工工艺是 F1 赛车所采用的技术，日产在全球首次用于民用车	减少发动机磨损，延长使用寿命。减少摩擦阻力，提高发动机动力
	曲轴偏置	日产率先采用的发动机技术，比普通发动机的效率更高	提高功率、扭矩，同时降低油耗

续表

方位	特性	优势	对客户的好处
发动机舱	微粒化喷油嘴	微粒化喷油嘴比一般的发动机燃油喷射和雾化效果更好，能够提高燃烧效率	在带来更强的动力的同时可以减少油耗，使尾气排放更加清洁
	铂金火花塞	铂金火花塞能比一般火花塞产生更大的电火花，同时可以延长使用寿命	改善了加速性能，燃烧更充分，降低了尾气污染，增强了经济性，减少了维修保养费用
	进、排气反向布置	结构更加紧凑合理，排气管与三元催化器距离更近	占用空间更小，尾气净化效果更佳
	进、排气系统的特别设计	加长了进气支管长度，直通式排气管，紧凑型装配，4 条等长树脂材质进气支管	动力更强劲，更省油
	一体化平衡轴	体积更小，降震效果更好	达到 V 型六缸发动机的震动水平

四、FAB 介绍法

FAB 介绍法，也称特征利益法，是销售理论中一个很重要的话术法则，它提供了一个向客户介绍商品的话术逻辑。通过该法则可以将产品的特点、功能和客户获得的利益结合起来，促进客户对汽车产品的购买。

FAB 介绍法对应的是 3 个英文单词，即 feature（特性）、advantage（优势）和 benefit（利益）。六方位介绍法也介绍了这 3 点，缺一不可。

1. FAB 介绍法的要素

（1）特性

特性是指商品所有可以感觉到的物理的、化学的、生物的、经济的等特征，可以用一系列指标、标准予以表示和说明，如原料构成、成分构成、数量、质量、规格、构造、功能性能、外观款式、色泽味道、包装、品牌、送货、安装、用途等。

（2）优势

汽车销售顾问在介绍商品优势时一定要注意比较不同商品特点的相同与不同之处，从不同之中发掘优势。找出各种商品的特点、特征比较容易，而要从特点之中找出优势，就需要多收集一些信息。

（3）利益

利益是产品能够满足客户某种需要的特定优势，这种优势可以给客户带来期望的或意想不到的好处，这个好处就是利益。它可能是优越的质量所带来的使用上的安全可靠、经久耐用；可能是新颖的构造和款式所带来的时尚感；可能是使用上的快捷方便；可能是操作上的简单易行；可能是省时、省力、省钱；也可能是著名品牌所带来的名望感等。

2. FAB 介绍法的技巧

汽车销售顾问在使用 FAB 介绍法介绍汽车时，需要掌握一定的技巧（图 4-1-7）。

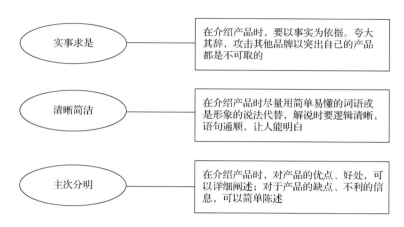

图 4-1-7 FAB 介绍法的技巧

3. FAB 介绍法在汽车销售中的应用

在将 FAB 介绍法应用于汽车销售的过程中，汽车销售顾问要经常性地问自己 3 个问题：客户消费，是基于商品还是商品能带给自己的利益？介绍车辆的时候要把重点放在特点上还是特点带来的利益上？怎么给客户留下深刻的印象，创造有冲击力的介绍方法和话术？其中第三个问题，汽车销售顾问称之为冲击，这样 FAB 介绍法就发展成了 NFABI 法则，其中 N（need）表示需要，I（impact）表示冲击。

话术举例：

您好，通过刚才的沟通我发现您非常关心家人的安全问题（N）。咱们这款车配备了先进的 ABS（F）。这个系统能够防止汽车在湿滑路面紧急制动时车轮的抱死，从而防止车辆的侧滑（A）。您购买了配备这种 ABS 的车辆，在雨天行驶时将会大大提升行车的安全（B）。这样好的安全设备，能充分体现您对家人的关爱，您还不决定购买一辆（I）？

情境训练

请根据给定的车型资料及客户信息为张先生做六方位介绍。

1）分组讨论，编写模拟接待话术。

2）每组根据所编写的脚本进行情境演练。

评价与反馈

1）分组讨论各组值得鼓励和应该改进的地方，讨论后各请一名组员上台总结。

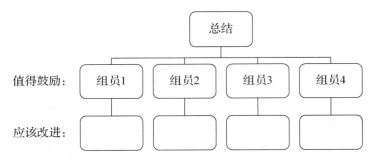

2）学习活动评价。根据以上活动填写学习活动评价表（表 4-1-2）。

表 4-1-2　学习活动评价表

班级：　　　　　　　　　　　　　　组别：

项目	评价内容	配分	组员姓名			
关键能力考核项目	遵守纪律，遵守学习场所管理规定，服从安排	10				
	学习态度积极主动，能参加学习活动	20				
	有团队合作意识，注重沟通，能自主学习及相互协作	20				
专业能力考核项目	能按要求完成六方位介绍	25				
	能利用 FAB 介绍法进行介绍	15				
	自我提升，能提出改进意见	10				
小组评语及建议			组长签名： 　　　　年　　月　　日			
教师评语及建议			教师签名： 　　　　年　　月　　日			

任务二　竞争车型对比

任务描述

　　王亮按照六方位介绍法为张先生详细地做了车型介绍，张先生表示非常满意，经过一番思考后问王亮："这款车确实不错，但是我在看这款车之前还了解了 A 品牌的车型，不知道你们这款车跟 A 品牌的那款车相比有什么优势呢？"

任务目标

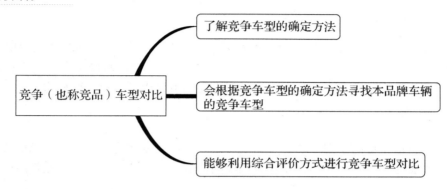

竞争（也称竞品）车型对比
- 了解竞争车型的确定方法
- 会根据竞争车型的确定方法寻找本品牌车辆的竞争车型
- 能够利用综合评价方式进行竞争车型对比

任务准备

1）在做竞争车型对比之前需要准备什么？

_____

_____

_____

_____

2）在做竞争车型对比时什么是关键？

_____

_____

_____

3）当客户提出竞争车型优于你所介绍的车型时，你该怎么做？

_____

_____

_____

_____

相关知识

在车辆展示过程中，客户常常会抛出一些竞争企业的车辆来跟现实车辆进行比较，而在反复的对比过程中，将会流失一部分宝贵的客户资源。综合分析，客户往往是因为对车型不了解或没信心，将一辆车的优点与另一辆车的缺点进行比较。因此，汽车销售顾问有必要将自己所销售车辆的竞争车型牢记于心，进行合理的对比，从而突显所售车辆的优点，促成销售。

竞争车型对比
方法

一、寻找竞争车型

有些汽车销售顾问在确定竞争车型时往往很模糊，觉得竞争车型很多，结果消耗了大量的资源和精力，却把真正的竞争车型当作自己车型的领导者。那么，如何确定竞争车型呢？

1. 生产规模接近

生产规模越接近的车型，就越有可能成为最主要的竞争车型。规模经济是一项十分重要的基础竞争力量，能够将成本降低到一个比较满意的水平。生产规模接近，意味着竞争企业的基础竞争力量接近。双方由于成本趋同，在价格战中就极有可能针锋相对。

2. 价格接近

市场零售价格接近的车型，才会成为竞争车型。市场零售价格一般是市场的终端价格。终端价格直接面向消费者，它不但反映着汽车的价值，也反映着客户的接受程度。

3. 销售界面相同

销售界面是企业在销售过程中汽车流通的分界面，即企业将汽车转交出去的分手地点。汽车从生产出厂到客户消费是一个整体过程。企业把汽车交给中间商，中间商就成为企业的销售界面；中间商把汽车交给零售商，零售商就成为中间商的销售界面。一般企业面对的销售界面有 3 种：中间商、零售商、消费者。销售界面相同的企业，才会成为竞争者。

4. 定位档次相同

定位档次相同的车型，才会成为名副其实的竞争车型。车型的定位，在客户心目中通常是档次的定位。一般的车型定位分为 3 种，即高档车型、中档车型、低档车型，也有分为豪华型和普通型的。但总的来说，产品的定位档次，应由车型的品质、使用价值或功能、车型包装、价格 4 个要素来确定。

不在同一档次的车型，是没有竞争理由的。低档车型缺乏与高档车型竞争的地位。尽管低档车型带来的使用价值有可能同高档车型差不多，但它给消费者带来的满足感和满意度却远超低档车型。

5. 目标客户相同

车型使用价值的满足对象，就是车型的目标客户。现代营销的潮流是进行市场筛选和市场细分。制造商的车型不再是用来打动所有人的，它必须作为向一部分人伸出的橄榄枝。目标客户相同，企业双方竞争的市场就一样。目标客户相同，才能引起竞争。

二、竞争车型的比较

汽车的性价比是消费者对汽车性能、配置、外形等因素和售价的综合评价，性价比实际上是汽车价位相当的不同品牌汽车之间的综合比较及分析。

评判汽车的性价比，可以从以下几个方面展开。

1）发动机。一般多气门结构的发动机，可以优先考虑。

2）尾气的排放标准。选择执行高排放标准的汽车。

3）发动机的排量。在油耗相差不大的情况下，同等价格，应选择发动机排量大的汽车。

4）安全配置。在同等价格的情况下尽量选择安全配置高的车，如果既有双气囊又有侧气帘，当然更好。

5）悬架装置。因为独立悬架结构比非独立悬架结构的车乘坐更加舒适，所以应当选择前后车桥都是独立悬架结构的车。

6）轴距的长度。一般情况下，应当选择轴距长的车，轴距越长，车内空间越大，车也越稳定。

7）加速时间。从静止到 100 千米/时的加速时间是衡量车辆性能的一项重要指标，如果两车的排量相同、排挡的形式相同，加速时间短的车的性能更好些。

英朗与福克斯的各项对比如表 4-2-1 所示。

表 4-2-1 英朗与福克斯的各项对比

车型信息	英朗 2019 款 18T 自动互联旗舰型VI	福克斯 2020款 三厢 EcoBoost 180 自动ST Line
价格	厂商指导价 14.39 万元	厂商指导价 15.08 万元
车身尺寸	车高：1 486毫米 车长：4 609毫米 车宽：1 798毫米	车高：1 468毫米 车长：4 647毫米 车宽：1 810毫米
轴距	轴距：2640毫米	轴距：2705毫米
动力性能	最大马力（Ps）：163 最大扭矩（牛·米）：230 百公里加速（秒）：9.57 最高车速（千米/时）：195 排量（升）：1.3 涡轮增压，6挡手自一体	最大马力（Ps）：174 最大扭矩（牛·米）：243 百公里加速（秒）：9 最高车速（千米/时）：215 排量（升）：1.5 涡轮增压

续表

车型信息	英朗 2019款 18T 自动互联旗舰型VI	福克斯 2020款 三厢 EcoBoost 180 自动ST Line
口碑	★★★★★4.77分 外观 内饰　5　性价比 舒适性　0　油耗 空间　操控 动力	★★★★★4.56分 外观 内饰　5　性价比 舒适性　0　油耗 空间　操控 动力
配置	① 方向盘材质——真皮； ② 方向盘位置调节——手动上下调节； ③ 液晶仪表尺寸——3.5 英寸； ④ 车窗一键升降功能——驾驶位； ⑤ 外后视镜功能——电动调节； ⑥ 车内化妆镜——副驾驶+照明灯； ⑦ 座椅材质——真皮； ⑧ 主座椅调节方式——前后调节； ⑨ 副座椅调节方式——前后调节； ⑩ 前排座椅功能——加热； ⑪ OTA（over the air，空中下载技术）升级； ⑫ 中控液晶屏尺寸——7 英寸； ⑬ 外接音源接口类型——USB； ⑭ 导航路况信息显示； ⑮ USB/Type-C 接口数量——前排 2 个； ⑯ GPS 导航系统； ⑰ 天窗类型——电动天窗； ⑱ 并线辅助	① 转向辅助灯； ② 车前雾灯——LED； ③ 自适应远近光； ④ 车内环境氛围灯——单色； ⑤ 方向盘材质——皮质； ⑥ 方向盘位置调节——手动上下+前后调节； ⑦ 方向盘换挡； ⑧ 液晶仪表尺寸——4 英寸； ⑨ 车窗一键升降功能——全车； ⑩ 外后视镜功能——电动调节； ⑪ 车内化妆镜——主驾驶+照明灯； ⑫ 驾驶模式切换——运动； ⑬ 自动驻车； ⑭ 温度分区控制； ⑮ 座椅材质——皮/织物混搭； ⑯ 主座椅调节方式——前后调节； ⑰ 副座椅调节方式——前后调节； ⑱ 运动风格座椅； ⑲ 后排杯架； ⑳ 中控液晶屏尺寸——8 英寸； ㉑ 主动闭合式进气格栅； ㉒ 天窗类型——分段式电动天窗； ㉓ 运动外观套件； ㉔ 远程启动功能——标配/选配； ㉕ 无钥匙进入功能——前排； ㉖ 车道保持辅助系统； ㉗ 车道偏离预警系统； ㉘ 主动刹车/主动安全系统

情境训练

张先生表示北京现代名图车型不如一汽大众的速腾，速腾安全系数高又稳重。请根据张先生的观点做出竞争车型分析，并为张先生做出解释。

1）分组讨论，编写模拟接待话术。

2）每组根据所编写的脚本进行情境演练。

评价与反馈

1）分组讨论各组值得鼓励和应该改进的地方，讨论后各请一名组员上台总结。

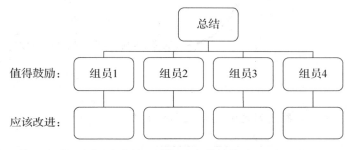

2）学习活动评价。根据以上活动填写学习活动评价表（表 4-2-2）。

表 4-2-2 学习活动评价表

班级： 组别：

项目	评价内容	配分	组员姓名			
关键能力考核项目	遵守纪律，遵守学习场所管理规定，服从安排	10				
	学习态度积极主动，能参加学习活动	20				
	有团队合作意识，注重沟通，能自主学习及相互协作	20				
专业能力考核项目	能通过资料整理寻找与竞争车型相比较的优势	25				
	能利用贴切的语句进行车型介绍	15				
	自我提升，能提出改进意见	10				
小组评语及建议			组长签名： 年 月 日			
教师评语及建议			教师签名： 年 月 日			

任务三 试乘试驾

任务描述

张先生对王亮介绍的车辆非常满意，坐在驾驶室内不停地摸着方向盘，跃跃欲试的样子。此时王亮想到要促成交易，最好是让客户进行试驾体验，于是他不失时机地邀请张先生进行试乘试驾。

任务目标

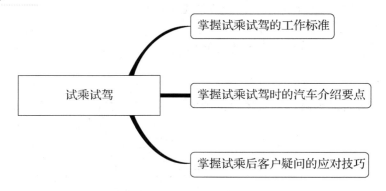

试乘试驾 —— 掌握试乘试驾的工作标准

掌握试乘试驾时的汽车介绍要点

掌握试乘后客户疑问的应对技巧

任务准备

1）在邀请客户进行试乘试驾之前需要准备什么？

_____

_____

_____

2）在选择试乘试驾路线时有什么要求？

_____

_____

_____

3）在客户试驾时，汽车销售顾问需要做什么？

_____

_____

_____

_____

相关知识

为了让客户了解车辆有关信息，汽车销售顾问可以让其切身体会驾乘感受，加深客户对自己口头说明的认同，强化其购买信心。在试乘试驾过程中，汽车销售顾问应让客户集中精神进行体验，并针对客户需求和购买动机适时地进行解释说明，建立其购买信心。试乘试驾的目的是让客户对产品有切身的感性的体验，通过试乘试驾建立客户对产品的信心，激发客户的购买欲望。

试乘试驾流程

一、试乘试驾工作标准

1. 试车准备

客户试乘（图 4-3-1）前应做好以下试车准备。

1）把需要的车准备好。在每次试驾之前，都要对这辆车的车况做一次检查，确保车辆处在最佳状态。

2）规划试车路线，使客户有足够的机会来体验车的性能。

3）制作试乘试驾协议书。

4）快捷方便地办理试乘试驾手续。

5）给试乘试驾车购买保险，包含但不限于以下险种：交强险、第三者责任险、车辆损失险、全车盗抢险、车上人员责任险、玻璃单独破碎险、车身划痕险、自燃损失险。

图 4-3-1　客户试乘

2. 试车前的工作标准

客户试车前的工作标准如下。

1）向客户说明试车的流程，说明先试乘后试驾的必要性；试乘试驾路书能让客户预知全程大概的交通状况及试乘试驾线路。

2）请客户填写试乘试驾协议书（图 4-3-2），并核对客户的驾驶执照，在 DMS（dealer management system，汽车经销商管理系统）中录入客户信息。

3）为客户准备车辆，确保试乘试驾车辆满足试乘试驾管理办法或规定的要求并处于良好的状态：干净、整洁、无破损，安装的选装件可正常使用，车上铺有脚垫，将车内温度调到合适温度。

4）将车开到展厅门口，邀请客户试乘，主动为客户开门，用手护住门框。

北京××汽车销售有限公司
试乘试驾协议书

甲方：北京××汽车销售有限公司

乙方：姓名_____联系电话_____

联系地址_____

为保证试乘试驾活动安全、有序、顺利地实施，甲乙双方本着相互支持、相互理解的原则，就试乘试驾_____汽车达成如下协议。

1. 甲方在甲乙双方协商约定的时间内，向乙方提供_____汽车的试驾服务。

2. 试车前，乙方必须出示真实有效的身份证和驾驶证正本，实际驾龄必须在两年以上，并留驾驶证复印件给甲方，每次试车连同试驾者最多为两人。

3. 乙方试车时，必须在甲方代表陪同下，按照甲方代表的指定路段进行，试驾过程中车速不得超过甲方要求的 70 千米/时。

4. 乙方试车时，必须遵守国家规定的道路交通法规相关规定。

5. 如因试车者不遵守交通法规，发生交通违章，应由乙方及时到交通管理部门接受处理；如因试车者不遵守交通法规（试驾协议）而造成交通事故，应由试车者本人承担事故责任；如将试乘试驾车辆损坏，乙方应承担甲方为恢复试驾车辆完好状态所产生的一切费用。

6. 甲方保留随时终止试车服务的权利。

7. 驾驶证为 A 本或 B 本时，试驾者必须提供体检证明，否则甲方可以拒绝乙方的试驾请求。

8. 雨雪或大风等恶劣天气，甲方有权拒绝乙方的试驾请求。

9. 试驾路线：另附页。

试驾车资料由甲方代表_____填写。

车型_____　　车牌号_____

甲方：　　　　　　　　　　乙方：

　　　　　　　　　　　　　　　年　　月　　日

图 4-3-2　试乘试驾协议书范例

3. 试车中的工作标准

客户试车中的工作标准如下。

1）先由汽车销售顾问驾车，客户乘坐，并提醒客户系好安全带。

2）汽车销售顾问提醒客户体验车辆的舒适性，针对客户关注的性能进行重点的演示操作（如果是置换客户，则提醒客户体验车辆的动态性能与其现正使用的旧车动态性能的差异性）。

3）汽车销售顾问按试乘试驾协议书的要求把车开到指定地点，让客户试驾（图 4-3-3）。

图 4-3-3 客户试驾

4）在客户试车前要确认客户能舒适地操控所有控制键（后视镜、座位和转向盘等设置都应做相应调整，提醒客户系好安全带）。

5）让客户自己驾车，体验车辆和选装件的各项性能。

4. 试车后的工作标准

客户试车后的工作标准如下。

1）客户试车完毕后，请客户到洽谈区，主动征询客户对车辆的感受，着重指出在产品介绍阶段所讨论的特性和优点，并对客户关心或顾虑的问题给予讲解和说明。对于有置换意向的客户，可针对旧车的突出问题，强调新车的优势。

2）邀请客户回店后，填写试乘试驾评价表。

3）汽车销售顾问根据试车情况信息录入 DMS。

二、试乘试驾流程

1. 试乘试驾的总体流程

试乘试驾的总体流程如图 4-3-4 所示。

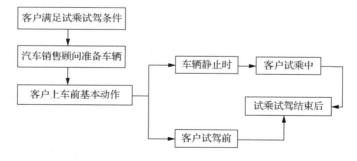

图 4-3-4 试乘试驾的总体流程

2. 试乘试驾的介绍要点

（1）试乘试驾前的介绍要点

试乘试驾前的介绍要点如表 4-3-1 所示。

表 4-3-1　试乘试驾前的介绍要点

体验内容	工作内容	关键点	参考说明
空调效果	引导客户进入车辆副驾驶座	关闭车窗，开启空调，感受空调的效果	汽车销售顾问用手遮挡车门上方，引导客户进入副驾驶座，并为客户调节座椅
静音效果	体验怠速的静音效果	① 关闭车窗，怠速状态下感受车辆的静谧性；② 请客户将手放在仪表盘上亲自体验	"您听一下发动机的声音，非常小是不是？您也可以把手放在仪表盘上亲自感受一下，发动机传过来的震动也很小。"
音响效果	体验音响效果	挑选合适的音乐并调节音量	"我们感受一下音质，您看这首音乐怎么样？音量大小合适吗？"
安全带操作	安全带的使用及调节	① 提醒客户系紧安全带；② 安全带的调节	"我们这次试驾就要开始了，请您系好安全带。""在您右侧 A 柱上方可以进行安全带位置调节。"

（2）试乘试驾时的介绍要点

试乘试驾时的介绍要点如表 4-3-2 所示。

表 4-3-2　试乘试驾时的介绍要点

体验内容	工作内容	关键点	参考说明
平顺性	体验起步的平顺性	① 轻踩节气门使车辆起步；② 缓慢加大节气门，保持转速 2 500，速度在 45 千米/时左右	"只要轻踩节气门给油，就可以出发了，您看起步是不是很平稳？"
静音效果	体验匀速的静音效果	① 保持速度在 45 千米/时左右，并保持匀速驾驶；② 将音响音量调节至 0，客户感受完毕后恢复	"您听，这款车行驶中的静谧性非常好，它采用了 NVH[1]隔音降噪工程，并在车体各处设置隔音棉，声音是不是很小？"
过弯稳定性	体验过弯的稳定性	① 提前提示客户前方路口转向；② 减速，平稳过弯	"前面的路口是 90° 的转弯，您扶好。以 40 千米/时的速度过弯，侧倾感很小，方向准确，过会儿您可以亲自体验一下。"
舒适性	体验座椅及悬架的舒适性	① 高档绒布座椅带来温馨的享受；② 悬架的调校保证驾乘的舒适性	"这样的座椅和悬架设计使您在崎岖路面上也不会有颠簸的感觉，乘坐非常舒适。"
动力性	体验加速性能	观察前方路况，当车速为 30~40 千米/时且路况好时，提醒客户加速，体验加速性能	"您看，动力很好，加速性能也不错，您感觉呢？"

---

① NVH 是 noise（噪声）、vibration（振动）、harsness（声振粗糙度）3 个单词的缩写，是衡量汽车制造质量的一个综合性指标，它给汽车用户的感受是最直接和最表面的。

续表

体验内容	工作内容	关键点	参考说明
动态舒适性	体验颠簸路面的舒适性	提示客户前方有一颠簸路面,先减速到20千米/时,再匀速通过减速带,感受底盘的减震性能和乘坐的舒适性	"车身晃动很小,减震也不错,是吧?"
制动灵敏性	刹车的灵敏性和稳定性	车速60千米/时左右,观察后方路况,当后方没有紧跟车辆时,提醒客户体验刹车性能	"您感觉刹车是否灵敏?"
换挡平顺性	体验换挡的平顺性	余下路段让客户自由驾驶	"加速和减速非常平顺,基本感受不到换挡的冲击和顿挫感。"

（3）试乘试驾后的介绍要点

当客户按照规划的路线试驾后,汽车销售顾问要结合客户试乘试驾的感受适时地跟进,以促使客户确认购买。在此过程中需要注意以下事项。

1）汽车销售顾问要确认客户已有足够时间来体验车辆性能,不排除客户再度试乘试驾的可能性。

2）汽车销售顾问协助客户将车辆停放于指定区域,并引导客户回到洽谈桌旁。

3）汽车销售顾问要适当称赞客户的驾驶技术,通过赞美提升客户对车辆的喜爱程度。

4）汽车销售顾问必须针对客户特别感兴趣的配置再次加以说明,并引导客户回忆美好的试驾体验。

5）针对客户试驾时产生的疑虑,汽车销售顾问应立即给予客观合理的说明,可参照试驾疑问应对话术（表 4-3-3）。

表 4-3-3　试驾疑问应对话术

疑虑问题	应对话术
发动机声音太大	"我们发动机的特点就是动力澎湃,您有没有注意到,发动机声音低沉有力,就像运动员一样。"
座椅较小	"您注意到了吗?我们的座椅和别的车不太一样,包裹性很强,您刚才转弯的时候是不是感觉腰部的支撑很有安全感?"
颠簸得厉害	"的确,正如您所说,这台车的路感非常强,无论路况多恶劣,您都会感到4个轮胎牢牢地抓住地面,所以它的操控和制动才会如此出色。"
灰色内饰,太沉闷	"米色的内饰太淡了,较难清洁;黑色很酷,但略显压抑,有灰尘也非常清晰;而灰色是现在的时尚主流色调,宝马、奔驰等豪华车都纷纷采用灰色内饰。这款车也紧跟时尚。"
后排空间不够大	"的确,轿车的后排坐3个人是有点挤,不过一般情况下我们不会满员乘坐,您说是吗?在同级车里,我们的内部空间还是相对较大的。"

6）客户试驾后,对产品的热度尚未退却,这时引导客户进入报价商谈阶段,自然促进成交。对暂时未成交的客户,利用留下的相关信息,与其一同填写试乘试驾意见客户调查表（图 4-3-5）与客户试乘试驾评估表（图 4-3-6）,并与其保持联系。

试乘试驾意见客户调查表

1. 您感兴趣的车型是哪种？

   □K5　　　　□K2　　　　□智跑　　　　□秀儿

   □福瑞迪　　□狮跑　　　□赛拉图　　　□赛拉图欧风

   □锐欧

2. 您是通过哪种方式知道本公司的？

   □本地网站　□户外广告　□朋友介绍　　□汽车外展

   □经过看到

3. 您计划什么时间购车？

   □现在　　　□2～4个月　□4～12个月　□1年以后

4. 您对于本次试乘试驾的感觉如何？

   □非常好　　□较好　　　□一般　　　　□差

5. 您对试乘试驾过程中汽车销售顾问的服务感觉如何？

   □非常好　　□较好　　　□一般　　　　□差

6. 您在试乘试驾后有什么意见和建议反馈？

   _____

   _____

7. 感谢您填写本次的试乘试驾意见客户调查表，今后××4S店有赛道体验试驾、汽车促销优惠活动或者俱乐部自驾游等活动，您是否愿意接收汽车销售顾问的短信通知邀请？

   □愿意　　　　　　　　　□不愿意

图 4-3-5　试乘试驾意见客户调查表样式

客户试乘试驾评估表

尊敬的朋友：

　　非常感谢您对××汽车进行试乘试驾，为了及时得到您对试乘试驾的安排与××汽车性能的反馈信息，请配合填写以下评估问卷，以便于我们改进工作，为客户提供更优质的服务。谢谢！

　　　　　　　　　　　　　　试乘试驾时间：　　　年　月　日

试乘试驾用户信息：

姓　　名：_____　　　年　　龄：_____

职　　业：_____　　　性　　别：_____

联系电话：_____　　　电子邮件：_____

通信地址：_____　　　邮　　编：_____

您的驾龄：_____　　　评估车型：_____

图 4-3-6　客户试乘试驾评估表样式

关于××汽车

1. ××汽车的造型美感如何？

    □极好　　　　□很好　　　□好　　　　□一般　　　□较差

2. ××汽车的内部宽敞度如何？

    □极好　　　　□很好　　　□好　　　　□一般　　　□较差

3. ××汽车的内部装备如何？

    □非常充足　　□充足　　　□比较充足　□不足　　　□较差

4. 前排座椅的舒适度如何？

    □极好　　　　□很好　　　□好　　　　□一般　　　□较差

5. ××汽车的操控稳定性如何？

    □极好　　　　□很好　　　□好　　　　□一般　　　□较差

6. ××汽车的油门感应如何？

    □极好　　　　□很好　　　□好　　　　□一般　　　□较差

7. ××汽车悬架系统的舒适度及路面感知力如何？

    □极好　　　　□很好　　　□好　　　　□一般　　　□较差

8. ××汽车的内饰视觉感如何？

    □极好　　　　□很好　　　□好　　　　□一般　　　□较差

9. ××汽车的中控台各类操作开关布局是否合理，使用是否得心应手？

    □极好　　　　□很好　　　□好　　　　□一般　　　□较差

10. ××汽车的中低速加速性能如何？

    □极好　　　　□很好　　　□好　　　　□一般　　　□较差

11. 您对××汽车后排座椅的舒适度及膝盖间距是否满意？

    □极好　　　　□很好　　　□好　　　　□一般　　　□较差

12. 您对××汽车的智能钥匙系统感觉怎样？

    □极好　　　　□很好　　　□好　　　　□一般　　　□较差

13. ××汽车的空间宽敞度如何？

    □极好　　　　□很好　　　□好　　　　□一般　　　□较差

14. ××汽车在怠速工况及高速行驶中的隔音效果如何？

    □非常宁静和谐　　□宁静和谐　　　□感觉一般　　　□不太满意

关于试乘试驾

1. 试驾之后，您对××汽车是否具有了一定的感性认识？

□有　　　　　　□一般　　　　□不好说

用一句话形容一下您的感受：_____

图 4-3-6（续）

2．您认为可与××汽车相竞争的车型有哪些？

□本田飞度　　□大众波罗　　□别克凯越　　□现代伊兰特　　□标致 307

□千里马　　□福美来　　□丰田花冠　　□大众宝来　　□福特嘉年华

□其他：＿＿＿＿＿＿＿＿＿＿＿＿＿＿＿＿＿＿＿＿＿＿＿＿＿＿＿＿＿＿

3．与上述竞争车型相比，您认为××汽车的特色在哪里？

□动感、时尚的外部造型　　□短车身、内部大空间的布局

□动力澎湃的加速性能　　□先进、豪华的配置

□良好的操控稳定性能　　□卓越的制造工艺和感观品质

□驾乘的舒适性

其他：＿＿＿＿＿＿＿＿＿＿＿＿＿＿＿＿＿＿＿＿＿＿＿＿＿＿＿＿＿＿

＿＿＿＿＿＿＿＿＿＿＿＿＿＿＿＿＿＿＿＿＿＿＿＿＿＿＿＿＿＿＿＿＿＿

4．您最欣赏××汽车的哪些方面？请列举。

＿＿＿＿＿＿＿＿＿＿＿＿＿＿＿＿＿＿＿＿＿＿＿＿＿＿＿＿＿＿＿＿＿＿

＿＿＿＿＿＿＿＿＿＿＿＿＿＿＿＿＿＿＿＿＿＿＿＿＿＿＿＿＿＿＿＿＿＿

5．您对汽车销售顾问在试乘试驾中的表现满意吗？

□极好　　　□很好　　　□好　　　　□一般　　　□较差

原因：＿＿＿＿＿＿＿＿＿＿＿＿＿＿＿＿＿＿＿＿＿＿＿＿＿＿＿＿＿＿

＿＿＿＿＿＿＿＿＿＿＿＿＿＿＿＿＿＿＿＿＿＿＿＿＿＿＿＿＿＿＿＿＿

如果您有任何意见，请写在下面。

签名：＿＿＿＿＿＿＿＿

年　　　月　　　日

填写说明：

1）建议由客户口述意见，由业务代表执笔填写，然后由客户签字确认。

2）此表由销售经理审阅汇总并保存，保存期不低于 1 年。

图 4-3-6（续）

情境训练

张先生想试驾一下名图汽车，请安排好试驾准备，模拟为张先生做试驾介绍。

1）分组讨论，编写模拟接待话术。

2）每组根据所编写的脚本进行情境演练，并拍摄试驾时的视频。

■ 评价与反馈

1）分组讨论各组值得鼓励和应该改进的地方，讨论后各请一名组员上台总结。

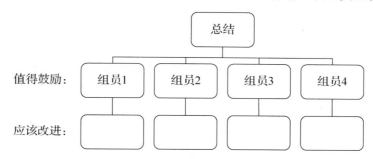

2）学习活动评价。根据以上活动填写学习活动评价表（表 4-3-4）。

表 4-3-4 学习活动评价表

班级：　　　　　　　　　　　　组别：

项目	评价内容	配分	组员姓名		
关键能力考核项目	遵守纪律，遵守学习场所管理规定，服从安排	10			
	学习态度积极主动，能参加学习活动	20			
	有团队合作意识，注重沟通，能自主学习及相互协作	20			
专业能力考核项目	能正确地进行试驾准备工作	15			
	能在试驾关键点做车辆介绍	25			
	自我提升，能提出改进意见	10			
小组评语及建议			组长签名： 　　年　　月　　日		
教师评语及建议			教师签名： 　　年　　月　　日		

项目五 议价成交

项目导入

经过对张先生的需求分析，王亮很好地为张先生做了车辆的六方位介绍，张先生也相当满意。在王亮的引导下，张先生终于询问这款车的价格了。虽然之前在网上了解过这款车的价格，但是张先生还是想了解一下现在是否有优惠，是否可以赠送一些礼品等。王亮非常为难，因为按照张先生需要的配置，可能需要加价才可以订到货，王亮不知道该怎么给张先生报出价格。

项目分析

在经过需求分析和产品介绍后，客户对车辆基本满意，接下来就是达成购买协议，以及报价和签约的重要环节。此阶段是所有销售流程中重要的一环，在客户愿意签订合同之前，汽车销售顾问把握机会，提出有利于双方的条件是有效成交的基础。本项目将涉及以下知识点：

1）报价技巧。

2）客户异议。

3）合同缔结。

任务一 报 价 技 巧

任务描述

张先生非常满意王亮所介绍的车辆，但是迟迟不提价格，只是一直问王亮是否有现货，什么时候可以提车。价格是必须提的，这时王亮打算给张先生报价。

任务目标

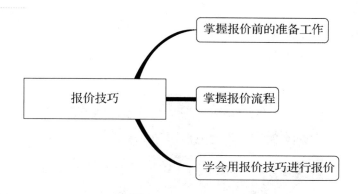

报价技巧
— 掌握报价前的准备工作
— 掌握报价流程
— 学会用报价技巧进行报价

任务准备

1）为客户报价之前需要准备什么？

_____

_____

_____

2）客户对报价的期望是什么？

_____

_____

_____

3）你认为哪些时机是报价的合适时机？

_____

_____

_____

_____

相关知识

客户的异议或抗拒往往是在将要拥有产品时和必须付出代价时产生的，因此，汽车销售顾问的专业素养和必须成交的信念是报价成交的必要条件。汽车销售顾问在做报价之前首先必须了解客户对报价的期望。

报价示范

客户希望汽车销售顾问能给他足够的时间做决定，不要给他太大的压力；能对他进行全面的说明，能让他了解购车过程的关键信息；签约后能保持与他的联系，并及时告知车辆信息。

1. 报价场地的选择

报价商谈的地点最好选择在规范的洽谈室（图5-1-1和图5-1-2）进行，同时要确保在每个洽谈室的桌面上放一份销售合同；洽谈室内不应有任何私人物品；洽谈室内要放置车辆宣传手册。

图 5-1-1　洽谈室（1）

图 5-1-2　洽谈室（2）

2. 报价前的准备

汽车销售顾问在对客户报价前应做以下准备。

1）保证有一整套完整的材料以完成这笔交易，所有必要的文件应用写有客户姓名的信封装起来。同时准备好所有必要的工具，如计算器、签字笔、价格信息和利率表。

2）熟悉了解其他品牌店的竞争车型的情况。

3）了解潜在客户的基本信息，确定客户正确的姓名、工作及家庭地址和电话号码。确定谁是名义上的购买者，以及由谁支付款项。

4）注意收集其他与客户有关的一般信息，包括具有影响力的人、重要事件（出生、周年纪念、入学情况、最近住所的变化、居住条件的变化等）。

3. 报价时机

当汽车销售顾问确定自己已注意并完成以下事项时，才可以较为正式地对客户进行报价，这时对报价才更有把握。

1）客户到达展厅后，汽车销售顾问应以专业水准迎接客户的到来。

2）汽车销售顾问与客户互相告知姓名。

3）与客户一起花时间了解那些可能满足其需求的车型。

4）汽车销售顾问从中选出一款适合客户的车型。

5）汽车销售顾问陪同客户一同参观售后服务部门，使其对 4S 店的环境更加熟悉。

6）汽车销售顾问详尽地介绍这款车的每个细节。

7）汽车销售顾问认真地回答所有关于这款车的问题。

8）汽车销售顾问陪同客户进行一次有意义的试驾。

9）汽车销售顾问确定客户对车辆感兴趣。

4. 报价的流程

在整个报价的流程中，首先要确认客户的需求，然后在客户感觉舒服的区域讨论原先记录的客户需求，汽车销售顾问应扮演建议者的角色，对来访的客户给予同等的注意与对待。报价成交的基本流程如图 5-1-3 所示，成交的关键是取得客户的确认。

汽车销售顾问在确认客户的需求后向客户解释为什么购买本产品是最好的选择，告诉客户有关本产品的注意事项。另外，汽车销售顾问应先查询库存状况，给客户提供参考。完整的订单资料主要包括以下内容。

1）价格：产品价格、其他配置价格。

2）付款方式：提供最符合客户条件的付款方式。

3）产品保证：向客户解释一般产品的保证范围。

4）维修保养服务：介绍维修保养服务，说明用车的省心和放心。

5）说明成交价格：告诉客户最后的成交价格。

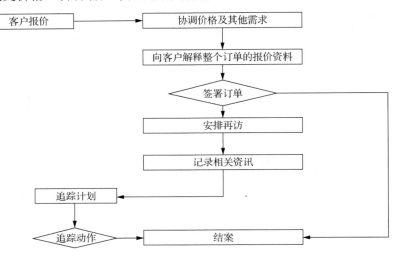

图 5-1-3　报价成交的基本流程

5. 促成成交的技巧

报价商谈是在汽车销售顾问和客户建立充分信任后展开的，通常关系到销售能否顺利成交，同时，客户的异议也会出现在这个阶段。因此，汽车销售顾问应该详细解释所有相关文件，并考虑客户的实际需求及其所关心的问题。同时要注意报价相关技巧的应用，如三明治式的报价技巧：总结一些客户最关心的、适合客户的好处，这些好处针对的是客户的主要购买动机；明确地报出价格；强调一些可能会超出客户期望的、适合客户的好处。客户对价格的商谈是很敏感的，在本环节中汽车销售顾问要做到以下几点。

1）请客户确认所选择的车型、保险、按揭、一条龙服务等代办手续的意向。

2）根据客户需求拟订销售方案，制作新车订购单（图 5-1-4）。

3）对报价内容、付款方式及各种费用进行详尽易懂的说明，耐心回答客户的问题。

4）说明销售价格时，再次总结商品的主要配置及客户的利益。

5）利用上牌手续及费用清单（图 5-1-5），详细说明车辆的购置程序和费用。

6）必要时重复已做过的说明，并确认客户完全明白。

7）让客户有充分的时间自主地审核销售方案。

新车订购单

此订购单是用户向经销商提出购买意向的文件，请认真阅读有关受理的相关条款，在对内容充分认可的基础上署名或盖章确认。

年 月 日

订购人名称		身份证号		
地址		邮编	出生年月日	
电话		E-mail		
车名		型号	颜色	数量
车价		应付订购金	保险	
精品				

汽车消费贷款							
首付		贷款		贷款期限		利率	
保险		保证金		其他费用			

备注：保险、车损、第三者责任险、交强险（车船使用税）、盗抢险、不计免赔
其他费用：公证费、公本费、抵押费、担保费、家访费

车辆大驾号：　　　　　　　　　　发动机号：
下列物品已由接车人（用户）带走：□点烟器　□钥匙　把　□遥控器　把
□合格证　□发票三联　□使用说明书　□保修手册　□随车工具

约定事项

一、订购人（以下简称甲方）在向经销商（以下简称乙方）提出订购时，须按乙方规定交纳订购金，乙方确认收到订购金后此订购单开始生效。订购金充作应付款的一部分，订购单生效后因甲方原因要求变更或取消订购时，乙方不予接受，订购金不予退还。

二、在进行新旧车置换的情况下，作为应付新车车款的一部分，甲方应将出售给乙方的旧车及所有相关手续交至乙方；同时保证该车无债务关系及滞纳的税费等。由于甲方隐瞒实情而造成乙方的损失，由甲方负全责。同时，甲乙双方同意，用于置换的旧车在实际入库时如果发生异常变化，则按照再次评估的价格充当新车车款。

三、乙方填写预定交车日期，若因非乙方原因或甲方原因造成不能安全履行订购单内容，乙方对甲方不负有赔偿责任。甲方因特殊事宜变更车型或推迟提车时间，应提前五日内及时通知乙方，双方协商解决。

四、甲方应在代上牌照手续开始（如果不需要代办牌照应在交车日期）前付清余款，所付金额（订购金加余额）与实际发生费用的差额在交车时结算。

销售部长/经理		销售员		用户	

××有限责任公司　电话：×××-×××××××

图 5-1-4　新车订购单模板

上牌手续及费用清单

客户姓名：＿＿＿＿＿＿＿＿＿＿　　　联系电话：＿＿＿＿＿＿＿＿＿＿

上牌手续		费用
① 行驶证	☐	
② 登记证	☐	
③ 购车发票（两联）	☐	
④ 购置税缴费发票及凭证	☐	
⑤ 环保绿标	☐	
⑥ 检字	☐	
⑦ 牌照及牌照号	☐	
⑧ 检测	☐	
⑨ 拓号	☐	
⑩ 停车	☐	
⑪ 复印	☐	
⑫	☐	
⑬	☐	
⑭	☐	
⑮	☐	
总计：		
备注：		
以上手续完备，费用结算完毕		

客户签收：＿＿＿＿＿＿＿＿＿＿　　　经办人：＿＿＿＿＿＿＿＿＿＿

日期：

图 5-1-5　上牌手续及费用清单样式

8）汽车销售顾问还可以在报价时利用一些方法提高成交概率，具体如表 5-1-1 所示。

表 5-1-1　成交促成方法

方法	具体说明	备注
假定成交法	汽车销售顾问在假设客户已经接受销售建议、同意购买的基础上，直接要求客户购买	可以节省时间，提高销售效率，还可以适当减轻客户成交的压力。但是销售氛围要轻松，不要让客户产生压力
两者折一法	汽车销售顾问通过提出选择性问题，让客户在提供的选择范围内做出回应。此方法适用于客户已经决定购买，只需要在款式方面做出选择	切记尽量避免提出太多方案，最好是两项，以免客户犹豫不决
请求成交法	汽车销售顾问直接要求客户购买，可以充分利用各种机会成交，快速促成交易	必须把握时机，一般在客户表现出要求成交的信号时，都可以使用

续表

方法	具体说明	备注
激将法	通过刺激客户心理，促使客户在激动的情绪之下产生冲动性购买	看准对象，讲究言辞，注意态度
以利诱之	运用算账、解答疑问等方法，汽车销售顾问可提示客户购买产品可以带来的好处，如抽奖、送礼物、折扣等	
以情动之	汽车销售顾问要以真诚的态度与客户谈话，用感人的话语感动客户，促使客户下决心购买	
强调法	通过强调优惠期，或强调剩下产品不多等来促使客户购买，就是创造一种"机会难得，不可失去机会"的成交氛围，及时促成客户主动成交	
满足法	当客户提出是否能满足某种需求时，汽车销售顾问要考虑该要求在自己权限范围内是否可以满足，如果可以就尽量满足其要求，促使客户做出决定	

情境训练

李先生是一位老客户，最近向王亮了解了本田雅阁 2.0 自动舒适型，还想配备一个导航。另外，在资金方面他提到自己的年终奖金还要半个月才可以发，但是即使年终奖到位，全额付款也存在困难。这时王亮为他报价时该怎么做呢？

1）分组讨论，选择适合李先生的付款方式；为李先生报价，并编写模拟接待话术。

2）每组根据所编写的脚本进行情境演练。

评价与反馈

1）分组讨论各组值得鼓励和应该改进的地方，讨论后各请一名组员上台总结。

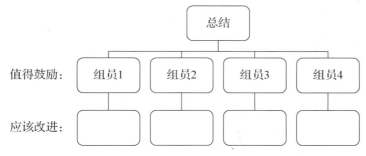

2）学习活动评价。根据以上活动填写学习活动评价表（表 5-1-2）。

表 5-1-2　学习活动评价表

班级：　　　　　　　　　　　组别：

项目	评价内容	配分	组员姓名		
关键能力考核项目	遵守纪律，遵守学习场所管理规定，服从安排	10			
	学习态度积极主动，能参加学习活动	20			
	有团队合作意识，注重沟通，能自主学习及相互协作	20			
专业能力考核项目	能选择适合客户的付款方式	15			
	能在为客户介绍时抓住报价要点	25			
	自我提升，能提出改进意见	10			
小组评语及建议			组长签名： 　　　年　　月　　日		
教师评语及建议			教师签名： 　　　年　　月　　日		

任务二　客 户 异 议

任务描述

　　李先生在听了王亮的报价之后，摇摇头说："你们店的价格也太贵了，我昨天去过另一个区域的4S店，他们的报价比你们便宜多了，还给我赠送很多装饰。我是觉得跟你比较熟，所以才来你们店买的，你看我这么诚心，是不是给我的价格再优惠一点呀？"此时王亮非常为难，因为他知道这个价格是全国统一价格，而且总经销商在这段时间对这款车做的是区域控制，所以价格是不可能便宜的。可是李先生又是老客户，王亮该怎么跟他继续谈价格呢？

任务目标

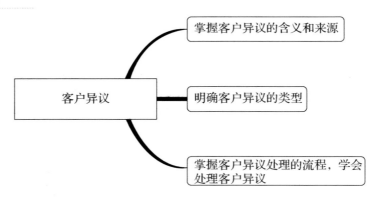

任务准备

1）你认为客户提出异议的原因是什么?

_____

_____

_____

2）在实际工作中,汽车销售顾问会碰到哪些异议?

_____

_____

_____

3）客户提出异议时,汽车销售顾问该怎么办?

_____

_____

_____

_____

相关知识

在从寻找客户到达成交易的整个销售过程中,不可避免地会遇到客户的各种异议,这就要求汽车销售顾问必须随时做好心理准备和思想准备,善于分析和处理各种客户异议,努力促使客户产生购买行为。

一、客户异议的含义

客户异议是客户对汽车销售顾问所言表示的不明白、不同意或者反对的意见。销售活动是从处理客户异议开始的,且处理客户异议贯穿整个销售过程的始终。销售工作能否顺利进行,取决于汽车销售顾问、产品和客户之间能否保持协调一致。一般来说,客户在接受销售的过程中,不提任何异议就购买的情况是不多见的,特别是在汽车销售过程中。客户在购买某一品牌的汽车前,首先考虑的是该品牌汽车的使用价值,即该汽车能否满足他某些方面的需求。否则,客户不会对该汽车产品产生兴趣。

此外,客户在权衡产品时还会受到经济条件、心理因素、环境条件、汽车品牌等多方面因素的影响,因而会对价格、质量、售后服务等提出一系列异议。"不提任何异议的客户往往是没有购买欲望的客户",这句话也有一定的道理。因此,客户异议是汽车销售中的一种正常现象,是难以避免的。作为一名汽车销售顾问,特别是刚刚从事汽车销售工作的人员,必须做好应对和消除客户异议的准备。

二、客户异议的来源

客户异议产生的原因往往很复杂,正确地掌握客户提出的各种异议及产生的根源,是有效处理这些异议的前提条件。客户异议出现的原因如下。

1. 客户的原因

1）客户拒绝改变，不习惯改变，而买新产品就会让客户的生活发生改变。

2）客户的情绪处于低潮时也容易提出异议。

3）客户没有认识到自己真正的需求；没有意愿购买或者意愿没有被激发出来，产品没能引起他的注意及兴趣。

4）客户缺乏对产品的认识，认为产品无法满足他的需求；或客户的需求不能充分被满足，因而无法认同汽车销售顾问所售的产品。

5）客户自身的偏见、成见或习惯。

6）客户有固定品牌的产品在使用。

7）预算不足，因而产生价格上的异议。

8）客户找理由、推托，不想花时间来谈价格。

9）客户抱有隐藏的异议，不方便说出来。

2. 汽车销售顾问的问题

1）汽车销售顾问的素质不高，如举止态度让客户反感。

2）汽车销售顾问的形象不佳，不能给人舒服和信任的感觉。

3）汽车销售顾问做了夸大不实的陈述，如以不实的说辞哄骗客户，结果带来更多的异议。

4）汽车销售顾问使用过多的专业术语，若专业术语过多，客户会觉得自己无法胜任使用这款车并提出异议。

5）事实调查资料不准确。汽车销售顾问引用不准确的调查资料，引起客户的异议。

6）不当的沟通。说得太多或听得太少都无法把握客户的需求点，因而产生更多异议。

7）展示失败。展示失败会立刻遭到客户的质疑。

8）姿态过高，让客户理屈词穷。例如，汽车销售顾问处处强势，使客户感觉不愉快，因而提出主观异议。

3. 产品本身的问题

1）产品的风格不符合客户的喜好。

2）产品的颜色不符合客户的喜好。

3）产品的款式太旧。

4）产品的尺寸不能满足客户的需求。

5）产品的功能不能满足客户的需求。

6）产品的质量不符合客户的要求。

三、客户异议的类型

在不同的销售环境、时间、地点条件下，汽车销售顾问所面对的客户也不同。客户因各种因素的影响,会提出很多不同的异议。汽车销售顾问只有熟悉并善于应对客户的种种异议,才能有效说服客户,取得销售的成功。一般来说,客户异议主要表现在以下几个方面。

1. 需求方面的异议

需求方面的异议是指客户认为产品不符合自己的需求而提出的异议。当客户说"我不需要"之类的话时,表明客户在需求方面产生了异议,客户提出需求异议的原因一般有两种:一是客户确实不需要或已经有了同类的产品,在这种情况下,汽车销售顾问应立刻停止销售,避免不必要的资源浪费;二是客户想摆脱汽车销售顾问或是在销售谈判中占据主动地位。在汽车销售时第一种情况相对比较少见,第二种情况出现的可能性比较大,因此,汽车销售顾问应运用有效的异议化解技巧来排除障碍,从而深入开展销售活动。

2. 商品质量方面的异议

商品质量方面的异议是指客户针对产品的质量、性能、规格、颜色、包装等方面提出的异议,也称为产品异议。这是一种常见的客户异议,其产生的原因非常复杂,有可能是产品自身存在不足,也可能是客户自身的主观因素,如客户的文化素质、知识水平、消费习惯等。例如,有的客户会认为日本车的安全性小于欧美车,买日本车不安全等。在汽车销售实践中,此种异议是汽车销售顾问面临的一个重大障碍,并且客户异议一旦形成就不易被说服。

3. 价格方面的异议

价格方面的异议是指客户认为价格太高或者与价值不符而提出的异议。在销售过程中,汽车销售顾问最常碰到的就是价格异议,这也是客户最容易提出来的问题,往往也是双方矛盾的焦点。一般来说,客户在接触到某款车后会询问其价格。因为价格与客户的切身利益密切相关,所以客户对产品的价格最为敏感,一般首先提出价格异议,即使汽车销售顾问的报价比较合理,客户也会提出异议。在客户看来,讨价还价是天经地义的事情。对于有经验的汽车销售顾问来说,客户提出价格方面的异议,也表示客户对产品感兴趣,这是客户产生购买意愿的信号。因此,汽车销售顾问应把握机会,可适当降价,或从产品的材料、工艺、售后服务等方面来证明其价格的合理性,说服客户接受其价格。

4. 服务方面的异议

服务方面的异议是指客户针对购买前后一系列服务的具体方式、内容等方面提出异议。这类异议主要源于客户自身的消费知识和消费习惯,处理这类异议,关键在于提高服务水平。现代的汽车销售模式非常重视服务,特别是售后服务活动的开展,甚至许多汽车销售商之间的竞争变成了售后服务之争。

5. 购买时间方面的异议

购买时间方面的异议是指客户认为现在不是最佳的购买时间或对汽车销售顾问提出的交货时间表示异议。当客户说"我下次再买""我下次再来看"之类的话时,表明客户在这方面提出了异议。但要注意的是,客户提出异议的真正理由往往不是购买时间,而是针对价格、质量、付款能力、需求等方面的问题。在这种情况下，汽车销售顾问应抓住机会认真分析时间异议背后真正的原因，并进行说服或主动确定下次见面的时间。此外，在销售实践中经常会碰到由于企业的生产安排和运输方面的因素，或正处于销售旺季，可能无法保证产品的及时供应。在这种情况下，客户可能对交货时间提出异议。面对此种异议，汽车销售顾问应诚恳地向客户解释缘由，并力争得到客户的理解。

6. 支付方面的异议

支付方面的异议是指客户由于无钱购买而提出的异议。在现实销售过程中，这种异议往往并不直接地表现出来，有时会通过其他方面表现出来。如客户会提出产品质量方面的异议，汽车销售顾问应善于识别。一旦觉察客户确实存在缺乏支付能力的情况，可以建议其通过按揭贷款等途径解决。如果不得已而停止销售，态度也要和蔼，以免失去其成为未来客户的机会。

四、客户异议的处理

1. 客户异议处理的五大原则

（1）积极、冷静原则

认真听取客户的意见，是分析客户异议、形成与客户之间良好的人际关系、提高企业声望、改进产品的前提。当客户提出异议时，汽车销售顾问不要匆忙打断对方的话和急于辩解。

（2）择机合理反映原则

当客户提出异议时，汽车销售顾问一方面要表示接受客户的异议，另一方面要运用销售技巧劝说客户放弃异议。有些客户提出的异议是正确的，这时汽车销售顾问要虚心接受，不要强词夺理，拼命掩饰自己产品的缺点和不足，否则易引起客户的反感和厌恶情绪。在承认客户提出的异议正确的情况下，汽车销售顾问也不应放弃，要力图使客户了解并重视产品的优点。

（3）尊重客户异议原则

汽车销售顾问切不可忽略或轻视客户的异议，以避免客户产生不满或怀疑，使谈判无法继续下去。汽车销售顾问不可直接生硬地反驳客户，也不可粗鲁地反对其异议，或者指责其愚昧无知。

（4）不争辩原则

无论在什么情况下，汽车销售顾问都要避免与客户产生争执或冒犯客户。与客户争吵的结果有可能是客户赢了，汽车销售顾问理屈词穷；也有可能是汽车销售顾问赢了，失去了客户。无论哪种情况，都以销售失败为最终结果。因此，与客户争吵是汽车销售顾问的大忌，汽车销售顾问应锻炼自己的忍受能力、讲话艺术，避免与客户针锋相对。

（5）集思广益原则

客户的许多意见往往是中肯的，也确实指出了产品的缺陷和应改进的地方，使企业改进产品有了一定的方向。此外，客户的某些想法有可能激发企业的创新灵感，从而开发出满足客户需求的新产品。汽车销售顾问对于客户提出的各种异议不应采取"左耳进、右耳出"的态度，可在销售工作告一段落后加以收集、整理和保存。通过这项工作，汽车销售顾问可以了解客户可能提出的异议，并据此设计令客户满意的方案。

2. 客户异议处理的步骤

客户的问题和提出的异议提供了成交的机会，汽车销售顾问要能把握机会，耐心聆听并解答客户异议，为客户提供满意的答案。有效解决客户异议的步骤如图 5-2-1 所示。

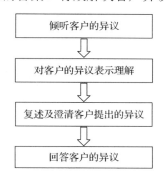

图 5-2-1　有效解决客户异议的步骤

（1）倾听客户的异议

汽车销售顾问应耐心倾听客户说明异议，使客户感觉到自己是受重视的。通过倾听，汽车销售顾问可以清楚客户的异议是真实的还是一种拒绝的托词。如果是真实的就应该马上着手处理；如果仅是一种拒绝的托词，就应挖掘客户的深层意思。

（2）对客户的异议表示理解

如果客户提出的异议是合情合理的，在表示理解的同时，可以用以下话语来回应客户："我明白您为什么有这种感受，其实很多客户最初也有和您一样的感受，但是一旦了解了这款车的性能，他们就会发现这款车的使用功能和购买利益。"这种表述的目的在于，承认客户对某个问题的忧虑，但未表示赞同或表现出防卫意识。

（3）复述及澄清客户提出的异议

复述客户的异议可以用以下话术："您的意思是说这款汽车的价格太高，这就是您不愿意购买的原因吗？"如果客户回答"是"，则提出与其相应的购买利益；如果感到客户还有其他顾虑，则继续通过开放式问题进行了解。复述客户异议不仅能够表明汽车销售顾问一直在认真倾听客户说话，还能给自己多留一些思考的时间。

（4）回答客户的异议

客户希望汽车销售顾问认真听取自己的异议，尊重自己的意见，并且希望汽车销售顾问及时做出令人满意的答复。但是，在某些特殊情况下，汽车销售顾问可以回避或推迟处理异议。

情境训练

李先生听了王亮的报价认为价格很高，并表示同样的配置，某品牌的车型更划算，而且他们是新店，价格上应更优惠。这时王亮该怎么办？

1）分组讨论如何解决李先生的异议，并编写模拟接待话术。
2）每组根据所编写的脚本进行情境演练。

评价与反馈

1）分组讨论各组值得鼓励和应该改进的地方，讨论后各请一名组员上台总结。

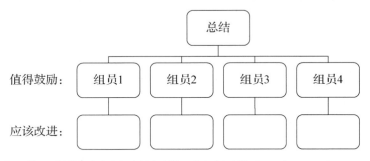

2）学习活动评价。根据以上活动填写学习活动评价表（表 5-2-1）。

表 5-2-1　学习活动评价表

班级：　　　　　　　　　　　　　　组别：

项目	评价内容	配分	组员姓名			
关键能力考核项目	遵守纪律，遵守学习场所管理规定，服从安排	10				
	学习态度积极主动，能参加学习活动	20				
	有团队合作意识，注重沟通，能自主学习及相互协作	20				
专业能力考核项目	能抓住客户异议的原因	25				
	能针对客户异议做出解释	15				
	自我提升，能提出改进意见	10				
小组评语及建议			组长签名： 　　　年　　月　　日			
教师评语及建议			教师签名： 　　　年　　月　　日			

任务三　合同缔结

任务描述

吴小姐是新客户，第一次买车就看上王亮介绍的 A 款车型，而且对王亮提出的价格也比较满意，打算与王亮签约。这时，吴小姐提出，她平常喜欢跟朋友一起自驾游，打算新车的保险也一并在这里进行投保。这时王亮该怎么做？

任务目标

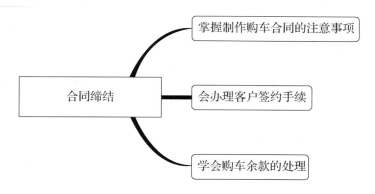

- 合同缔结
  - 掌握制作购车合同的注意事项
  - 会办理客户签约手续
  - 学会购车余款的处理

任务准备

1）在与客户签约之前，哪些信息需要跟客户再次确认？

_____

_____

_____

2）在与客户签订购车合同时，有哪些必要动作？

_____

_____

_____

3）针对贷款客户，签订合同时要注意什么？

_____

_____

_____

_____

相关知识

一、签订合同之前需要确认的情况

当客户决定购买汽车后，汽车销售顾问就可以与客户签订购车合同。但在签订合同之前，汽车销售顾问要先确定以下两种客户的情况。

签订购车合同
的注意事项

1. 贷款客户

有些客户由于资金不足无法支付全款，汽车销售顾问在促成销售的时候可以建议客户进行汽车贷款。如果是贷款客户，为了避免客户将来贷款失败，出现价格争议，汽车销售顾问需要注意以下两点。

1）向客户确认其诚信度，是否被列入黑名单。

2）在了解客户收入背景的情况下，对可能不能贷款的客户提出贷款不成的价格条件，并将其附加于合同附页。

2. 在店内购买保险的客户

对于承诺在店内买保险的客户，要将保险项目列入合同附页，并在客户同意在本店购买保险之前，向客户解释保险条件，以免将来客户变更保险。

二、制作合同

要与客户一起制作销售合同，并正确填写相关内容，需要注意以下几点。

1）请客户确认报价内容。

2）检查库存状况，合理安排交车时间，并取得客户认可。

3）制作合同，准确填写购车合同（图 5-3-1）中的相关资料，填写合同要注意以下几点。

① 甲乙方均须填写详细的全称。

② 凡涉及金额、数量等必须用大写中文来表示。

③ 已知的车辆信息都要填写清楚。

④ 约定的赠品也应写入合同，如果规范的合同文本里面没有相应项目，则应作为附页与合同一并请客户确认。

合同编号：

购 车 合 同

甲方（卖方）：　　　　　　　　乙方（买方）：

甲、乙双方依据《中华人民共和国合同法》及其他有关法律、法规的规定，在平等、自愿、协商一致的基础上，就买卖汽车事宜，签订本合同。

第一条　汽车品牌、型号规格、颜色、数量、单价、生产地等

汽车品牌	颜色	甲方赠送配置	生产地	车辆单价/元
型号规格	数量/台	乙方选购配置	生产厂家	车辆总价/元

图 5-3-1　购车合同样例

合计金额：大写：_____。以上车价不含为车辆办理上牌手续、保险及车辆抵押等所需的各种税费，乙方不再承担任何加急费、手续费、运费、出库费及其他费用。

第二条　质量要求

（一）本合同约定的车辆，必须是经国家有关部门公布、备案的汽车产品目录上的产品或合法进口的产品，并能通过公安交通管理部门的检测，可以上牌行驶。

（二）甲方必须保证汽车为新车，保证汽车的外观没有任何损坏，不得出现掉漆、磨损等现象。

第三条　付款方式

（一）定金。

合同签订之日，乙方向甲方交纳定金_____元，若乙方不按约定履行本合同则无权要求返还定金；若甲方不按约定履行本合同，应当双倍返还定金。定金日后抵为车款，但定金数额不得超过车款总额的_____%。

（二）乙方选择下述其中一种方式付款，并按该方式所定时间如期足额将车款支付给甲方。

1．一次性付款方式。

_____年____月____日前，支付全部车款，计人民币_____元，大写：_____。

2．汽车消费贷款方式。

（1）_____年____月____日前，支付全部车款的____%，计人民币_____元，大写：_____。

（2）余款计人民币_____元，大写：_____，于_____年____月____日前支付。

乙方可通过双方共同确定的金融机构办理汽车消费贷款支付余款。但若因乙方原因造成以下情况，视为乙方未按合同约定时间付款，应当向甲方承担违约责任：

A．乙方未能在以上规定时间内办妥有关汽车消费贷款事宜（以实际发放贷款为准，非乙方原因造成的除外）。

B．乙方未能在以上规定时间内足额办出贷款（非乙方原因除外），且余额未按时自行补足支付。

3．分期付款方式。

（1）_____年____月____日前，支付全部车款的____%，计人民币_____元，大写：_____。

（2）_____年____月____日前，支付全部车款的____%，计人民币_____元，大写：_____。

（3）_____年____月____日前，支付剩余车款，计人民币_____元，大写：_____。

第四条　交车时间、地点及提车方式

（一）交车时间：_____年____月____日前。

（二）交车地点：_____。

（三）提车方式：乙方自提_____甲方送车上门_____。

（四）甲方在向乙方交付车辆时须同时提供：

1．销售发票。

2．（国产车）车辆合格证或（进口车）海关进口证明及商品检验单。

3．质量服务卡或保修手册。

4．车辆使用说明书或用户使用手册（中文）。

第五条　合同的生效

本合同自双方签字或盖章之日起生效，本合同一式_____份，双方各执一份。

甲方：　　　　　　　　　　　　　　乙方：

　　　　　　　　　　　　　　　　　　　　　　　　　　　　　　　　　年　　月　　日

图 5-3-1（续）

4）与销售经理就合同内容进行确认并得到其认可。

5）解释合同条款。向客户解释合同条款是十分重要的，汽车销售顾问要逐条向客户解释合同条款，并取得客户认同，避免遭到客户指责。另外，合同也是处理争议的基础。

三、签约及办理定金手续

签约及办理定金手续是整个销售过程中最关键的环节。汽车销售顾问在此过程中要注意以下几点。

1）专心处理客户签约事宜，谢绝外界一切干扰，暂不接电话，表示对客户的尊重。

2）协助客户确认所有细节，请客户签字后把购车合同副本交给客户。

3）汽车销售顾问带领客户前往财务部门，并确认往来发票。

4）合同正式生效后，汽车销售顾问应将合同内容录入 DMS 中。

四、履约及余款处理

签约以后汽车销售顾问不要冷落客户，相反，应该更关注客户。在此环节汽车销售顾问需要注意以下几点。

1）根据实际情况与客户约定交车时间。

2）客户等车期间，保持与客户的联络，让客户及时了解车辆的准备情况。

3）确认配送车辆后，提前通知客户准备好余款。

4）进行余款交纳的跟踪确认，直至客户完成交纳余款。

5）签约后交车前，携带《驾驶员手册》拜访客户。

6）保持与客户的联系，在合适的时机打电话给客户（也可安排专人在签约后与客户联络）。

7）若等车期间恰逢节日，可以邮寄一份小礼物表示心意。

情境训练

王先生是第二次买车，他已有 10 年驾龄，这次看上了王亮介绍的 B 款车型，而且对于王亮提出的价格比较满意，打算签约。这时，王先生提出，如果在店里办理贷款有优惠政策的话，打算贷款买车，并且新车的保险也一并在王亮这里进行投保。

1）试为王先生拟订一份购车合同，并编写模拟接待话术。

2）每组根据所编写的脚本进行情境演练。

评价与反馈

1）分组讨论各组值得鼓励和应该改进的地方，讨论后各请一名组员上台总结。

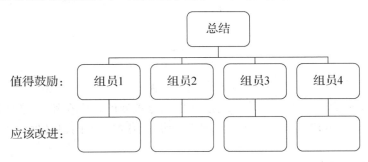

2）学习活动评价。根据以上活动填写学习活动评价表（表 5-3-1）。

表 5-3-1 学习活动评价表

班级：　　　　　　　　　　　　　　　　　　组别：

项目	评价内容	配分	组员姓名		
关键能力考核项目	遵守纪律，遵守学习场所管理规定，服从安排	10			
	学习态度积极主动，能参加学习活动	20			
	有团队合作意识，注重沟通，能自主学习及相互协作	20			
专业能力考核项目	能按照客户要求确认购车条款	25			
	能与客户顺利签约	15			
	自我提升，能提出改进意见	10			
小组评语及建议			组长签名： 　　　年　　月　　日		
教师评语及建议			教师签名： 　　　年　　月　　日		

项目六 欣喜交车

 项目导入

陈先生定的新车到店了，王亮打电话告知陈先生可以来取车了，陈先生十分激动，早早按照约好的时间来到店内准备提他的新车。但是当天由于王亮有急事需要出门，他便交代同事替他交车。等王亮忙完回公司后，同事告诉他陈先生想把车子退掉，王亮不禁诧异，陈先生一直都很关注他的新车是否到店，怎么突然就不要了呢？王亮打电话询问陈先生，陈先生生气地在电话里说："我本来是很喜欢这车的，可是我来提车的时候看到自己的新车那么脏就不高兴了，而且销售人员的态度也不是很好，我就不想要了，我要退车！"

项目分析

在交车时，客户的精神状态与汽车销售顾问的精神状态处于不同的时期，客户此时还处于购车的兴奋期，而汽车销售顾问的精神状态已经处于销售过程的后期，因此，汽车销售顾问要提高对交车的认识与热情，使交车过程让客户更加满意。交车环节结束后，汽车销售顾问的销售工作基本结束，但汽车销售人员与客户维系关系的工作自交车才正式开始。本项目将涉及以下知识点：

1）交车准备。
2）新车验收。
3）交易付费。
4）车辆交付。
5）跟踪回访。

任务一　交车准备

任务描述

张小姐定的车到店了，王亮想顺利地跟她完成交车手续，于是开始准备交车的各项工作……

任务目标

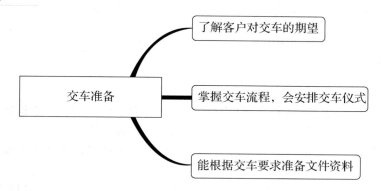

交车准备
- 了解客户对交车的期望
- 掌握交车流程，会安排交车仪式
- 能根据交车要求准备文件资料

任务准备

1）交车时需要准备什么？

_____

_____

_____

_____

_____

2）交车时需要跟客户确认哪些信息？

_____

_____

_____

_____

_____

_____

相关知识

交车环节是客户最兴奋的时刻，此时汽车销售顾问应按约定把客户订购的车交给他，这对于提高客户的满意度起着很重要的作用。在交车服务中与客户建立朋友关系，实际上就是准备进入新一轮的客户开发。

交车准备

一、交车准备的目的和意义

交车准备的目的和意义如下。

1）按时交付，兑现承诺，给客户留下良好的印象。

2）超越客户期望值的车辆交付，会培养忠诚客户，促进客户转介绍。

3）让客户熟练使用车辆，安心使用，舒心享受。

二、客户的期望

交车前客户的期望如下。

1）希望能在承诺的时间内把车交付给自己，并确保交付的新车处于最佳状态；车辆内外整洁干净，车漆完好，所有选装物品在交车前安装并调试完毕。

2）希望所有的文件、附件等都能完整地交给自己，能让自己清楚车辆操作使用及维护保养注意事项等。

3）期望经销商为自己的新车交付做好认真的准备，和自己一起分享购车的喜悦。

4）期待交车流程顺畅，并能告知自己新车交付的时间安排，尽可能减少等待时间，让自己尽快取到车辆。

三、交车确认

1. 与客户预约

车辆到达经销商处并经过 PDI（pre delivery inspection，出厂前检查）确认无问题后，汽车销售顾问应及时和客户联系预约交车时间；告知客户交车流程（图 6-1-1）（可询问客户最关注哪个步骤并记录或与客户确认一条龙服务/衍生服务的需求及完成状况），以客户方便的时间约定交车时间及地点，提醒客户带齐必要的文件、证件和尾款；预定交车日期发生延迟时，第一时间主动向客户说明原因及解决方案。

2. 交车区准备

1）交车区应设置在展厅大门右侧，让客户来展厅时可明显看见，如图 6-1-2 所示。

2）交车区应设置作业流程看板、交车客户姓名及预定时间告示牌。

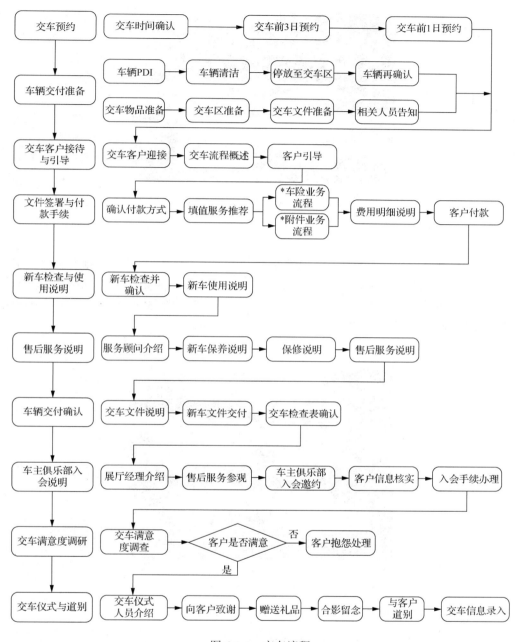

图 6-1-1　交车流程

*表示若客户在前面流程中已经进入相关增值业务流程，则跳过。

图 6-1-2　交车区准备

3．车辆准备

1）交车前 1 日由售后服务部门支持完成新车 PDI（选装件安装），检测人员和汽车销售顾问再次确认并在 PDI 检查单上签名确认。

2）清洗车辆，保证车辆内外美观整洁（含发动机室与后备厢），车内地板铺上脚垫，并在新车上系红绸缎，给客户尊贵的感觉，如图 6-1-3 所示。

图 6-1-3　车辆准备

3）交车前确认是否撕膜。

4）重点检查灯光、车窗、后视镜、烟灰缸、备用轮胎及工具，校正时钟，调整收音机频率等，在 NAVI 车辆导航系统上事先设定经销商、客户的住所、公司等位置。

5）切忌车辆脏乱不堪，尤其是轮胎、油箱盖等隐蔽处、车门内侧；注意清洗发动机室，避免积灰严重。

4．文件准备

1）随车文件：《使用说明书》（图 6-1-4）、《用户手册》（图 6-1-5 和图 6-1-6）（挂完牌，结账时才能给客户）、《快速使用手册》、出厂车检验单、车架号、发动机号拓印本等。

图 6-1-4 《使用说明书》范例

图 6-1-5 《用户手册》范例（1）

图 6-1-6 《用户手册》范例（2）

2）各项交费收据及发票（用户手册上写的时间最好与开票日期一致）。

3）其他相关文件：费用清单、交车确认单（客户必须在交车确认单上签字）、满意度调查表等。

情境训练

王先生一周前在王亮的 4S 店里购买了一辆现代悦动 1.6LAT 豪华版轿车，车子已经到了，王亮开始准备与王先生预约……

1）分组讨论如何做好与王先生的预约工作，并编写模拟接待话术。

2）每组根据所编写的脚本进行情境演练。

评价与反馈

1）分组讨论各组值得鼓励和应该改进的地方，讨论后各请一名组员上台总结。

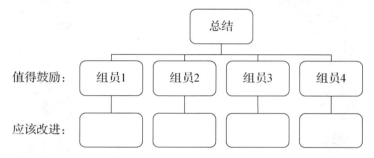

2）学习活动评价。根据以上活动填写学习活动评价表（表 6-1-1）。

表 6-1-1　学习活动评价表

班级：　　　　　　　　　　　　　　组别：

项目	评价内容	配分	组员姓名			
关键能力考核项目	遵守纪律，遵守学习场所管理规定，服从安排	10				
	学习态度积极主动，能参加学习活动	20				
	有团队合作意识，注重沟通，能自主学习及相互协作	20				
专业能力考核项目	能与客户约好交车时间	15				
	能做好客户提车的各项准备	25				
	自我提升，能提出改进意见	10				
小组评语及建议			组长签名： 　　年　　月　　日			
教师评语及建议			教师签名： 　　年　　月　　日			

任务二 新 车 验 收

任务描述

在带领王先生付款之前，王亮要做的一件很重要的事情就是陪同王先生验收车辆。

任务目标

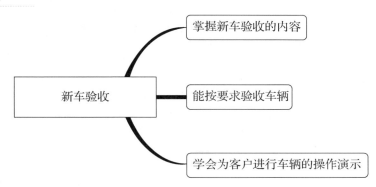

新车验收 ── 掌握新车验收的内容

新车验收 ── 能按要求验收车辆

新车验收 ── 学会为客户进行车辆的操作演示

任务准备

1）在陪同客户验车环节需要检查哪些地方？

_____

_____

_____

2）为客户操作演示时需要注意什么？

_____

_____

_____

_____

相关知识

在陪同客户验收车辆时，汽车销售顾问要按照交车确认单（图 6-2-1）上的内容与客户一起做一次全面的车辆检查并给客户做相应的操作演示，检查完成后让客户在交车确认单上签字确认。

新车验收

交 车 确 认 单		

姓名：	电话：	地　址：
车型：	颜色：	车架号：

尊敬的××用户：

　　您好！首先感谢您对××汽车的厚爱与支持，在您使用这部车之前，让我们来为您的爱车做点交代说明。

　　车主于签收车辆以前，下面各项证件资料点交及功能操作均须经过销售顾问的详细点交及说明，请车主确认并签收。

　　若有委托交车代理人，于交车手续所做的任何行为，视同委托人的行为，车辆离开公司概由委托人负责。

交车前准备：□PDI 检查　　　　　　　　**费用说明及单据点交：**□发票　　□购置税申报表

使用手册及保证手册点交及内容：

　　□使用手册说明　　□首保说明（3 000 千米或 3 个月，哪个先到算哪个，切记）

　　□定期保养项目表　　□免费保养内容说明　　□免费服务电话　　　　□服务站地点及营业时间

车辆内外检查：

　　□车内整洁　　□外观整洁　　□千斤顶　　□工具包　　□备胎　　□三角牌

车辆操作说明：

　　□座椅、方向盘、后视镜调节　　□电动车窗调节　　□儿童安全锁　　□空调系统　　□音响系统

　　□灯光仪表盘　　□特有配备（CD、SRS、ABS、电动天窗、延时灯光）

　　□发动机盖、行李箱、油箱盖的开启方法

温馨服务：

　　□预约回站　　□拍照留念　　□其他（　　　　　　　）

保险相关说明：

保险委托声明：

　　本人同意在销售服务店购买相关车险，销售顾问或保险公司已详细介绍各种险种的保费及说明，本人对自己所购险种无任何异议，一切按照《中华人民共和国保险法》及保险合同约定与保险投保单条款执行。

　　□交强险　　□第三者责任险（保　　万）　　□车辆损失险　　□车船税　　□全车盗抢险

　　□自燃损失险　　□车身划痕险　　□不计免赔特约险　　□车上人员责任险

　　　　　　　　　　　　　　　　　　　　　　　委托人/投保人签字：

对未在销售服务店购买保险的声明：

　　本人放弃在销售服务店购买保险的机会，自行购买相关保险，且对自行购买保险而导致的一切责任自行处理。例如，在出险后未按厂家保养保修手册说明要求，而被保险公司要求在非服务站进行维修，使用副厂件更换、维修造成的车辆问题及不良影响，将失去相关保修服务。

　　　　　　　　　　　　　　　　　　　　　　　声明人签字：

以上所有内容本人经确认无误后签字：　　　　　　　　　　　年　　月　　日

销售顾问签字：	销售经理签字：

图 6-2-1　交车确认单样式

主要检查和操作的内容如下。

一、车外检查

1. 车身平整度

检查车身钢板、保险杠的平整度，车身不应该出现不正常的凹陷、凸起。车体防擦条及装饰线应平直，过渡圆滑，接口处缝隙一致。

2. 车身漆面

仔细察看各处漆面（图 6-2-2），尤其是一些容易在运输过程中被刮层的部位。车身表面颜色应该协调、均匀、饱满、平整和光滑，无针孔、麻点、皱皮、鼓泡、流痕和划痕等现象，异色边界应分色清晰，同时还应该确认没有经过补漆。

图 6-2-2 漆面检查

3. 车窗玻璃

检查玻璃有无损伤和划痕，重点检查前挡风玻璃的视觉效果。前挡风玻璃必须具有良好的透光性，不能出现气泡、折射率异常的区域。

4. 车身装配

检查前机器盖、后备厢盖、车门、油箱盖、大灯、尾灯等处的缝隙是否均匀，同邻近位置的车身是否处于同一平面，有无错位等现象。检查各处开启、关闭时是否顺畅，声音是否正常，可以适当多开关几次。此时，一并检查各处密封条是否完好、均匀、平整，各门把手或开关是否方便。

5. 轮胎部分

检查备胎与其他 4 个轮胎的规格和花纹等是否相同。查看轮胎是否完好、没有磨损，有无裂痕、起泡现象。查看轮毂是否干净、完美，没有凹陷、划痕。还应该询问或者实测胎压，保证轮胎处于正常胎压且四轮气压一致。

轮胎气压符合要求时，在车前观看车身、保险杠等对称部位离地高度是否一致。此时，还应该从侧面推、拉轮胎上侧，感觉不松匡。如果是盘式制动器，还应该检查制动盘是否完好，不应有明显磨损和污物。

6. 后备厢

后备厢空间是否干净、内侧衬板是否平整，如果后备厢是遥控开启或是车内开启的，应该多检查一下开启是否顺利，关门后是否可靠。一般会把灭火器、随车工具、备胎放在后备厢内，通常有衬板进行隔离，应该注意检查是否齐全、固定，是否可靠。

7. 发动机舱

打开发动机罩，查看发动机及附件有无油污、灰尘，尤其是缸盖与缸体接合处、机油滤清器接口处、空调压缩机、转向助力泵、传动轴等结合缝隙处有无渗漏（图 6-2-3）。检查各种液面（冷却液、发动机机油、制动液、转向助力液、电解液、制冷剂、玻璃水等）是否处于最高和最低刻度之间的正常值范围内。检查电瓶线是否已经进行固定，电瓶线不能松动，否则将影响电路的可靠性。

图 6-2-3　发动机舱检查

8. 底盘部分

检查汽车（冷却液、润滑液、制动液、电解液及制冷液、油路）有无泄漏现象。此时，一并检查机器各部位是否有泄漏现象。如果发生泄漏，从车辆长时间停放的地面上、底盘上的一些管路和凸起处可以看到渗漏、油渍的痕迹。如果条件允许，不妨到车底下看看底盘是否有刮碰伤痕，管路是否有明显不合理的地方。

二、启动前的车内检查

1. 洁净程度

检查车内各处的洁净程度，车内应该没有任何脏东西，尤其是角落等处，如果车内比较脏则可能是样车或者有问题调整过的车。同时应该检查所有饰面是否有破损的地方，如中空台、座椅、车顶、车地面等。

2. 座椅

座椅表面应清洁、完好，乘坐时应该基本舒适，座椅内不应有异物。如果座椅可以进行多方向调节，则应该进行调整测试，必须能够达到各个方向的限位点，且调整过程能够保持平顺、无异响。如果后座可以进行折叠，则应该检查折叠的效果。如果座椅可以放倒一定的角度，则应该进行角度方面的调整测试。如果头枕可调则应该调整检查。

3. 中控台

检查中控台各部分是否完整、按键是否可靠（若车没有启动，可以随意检查），表面是否整洁，是否有划痕和污迹。带有遮阳板、化妆镜的可以一并检查。对于车内其他按键也一并在点火前进行初步检查，如中控门锁、车窗、后排空调开关、方向盘上的转向灯、灯光等。

4. 储物空间

检查车内每一个储物空间的整洁度和开启、锁闭的可靠性。目前车内储物空间很多，尽量不要遗漏，如中控台部分的多个储物盒、车门、座椅下面和后面、前后中央扶手等处。

5. 安全带

仔细检查每条安全带拉开、自动回收、锁止的可靠性，是否平稳顺畅。模拟并检查安全带在发生作用时的可靠性，就是用手特别迅速地拉动安全带。如果是高低可调的安全带，则应该进行调整测试。

三、启动后的静止检查

1. 发动机怠速

发动机点火应该短暂且顺利，启动后发动机转速应平稳，无抖动和杂音。质量较好的车应该只能听到很小的噪声，且噪声不应该刺耳，同时应该感觉不到从方向盘、挡把等地方传到车内的抖动。启动一小段时间后，发动机转速表应该维持在一定数值范围内（800～1200转），指针应该稳定。过一段时间以后，还应该检查水温表（70～90℃）、机油温度表等显示是否正常。

2. 仪表盘

检查仪表盘是否清楚，各指示灯及转速、速度、油表、水温表、表、时钟、电压表等是否正常。有些自检灯只在启动时闪几下，启动时需要留意。仪表盘上通常有 ABS、刹车、车门开启提示、机油警示、刹车片过薄警示、水温异常、油温异常、未系安全带、灯光、转向等多个指示灯，而其中大部分指示灯正常行驶时是不亮的，一般有红色指示灯亮时应该多注意。应该注意里程表，对于新车而言，行驶应该越少越好（场内移动过程中也会行驶一部分里程）。对于带有行车电脑的，还应该逐项检查行车电脑显示是否正常、稳定、可靠。

四、启动后的车内部分检查

1）仪表板的外观及功能。

2）手刹拉杆的作用。

3）杂物箱外观及手套开关的作用。

4）里程表：里程越少越好。检查里程表有无记录数字，若显示"零公里"，则表示是没有开过的新车。当然，"零公里"并不是指里程表上显示的数字绝对为"0"，一般来说，里程表显示 60 千米以下的被认为是"零公里"。因为汽车厂家在试车、进出库、装载时要消耗一定的里程。值得注意的是，有的经销商为了保证新车的"零公里"，采取断开液晶表电路或拔掉机械传动式表软轴的方法来欺骗消费者。所以，消费者在选购车辆时不要相信里程表上的数据，而要通过观察轮胎的磨损和底盘的清洁程度及脚踏板的清洁程度来验证自己的车是否做过样车。也可以请专业人士通过观察热车机油的含金属屑量和轮胎的磨损痕迹来判断是否系"零公里"新车。

5）门内饰板及扶手，摇把色泽配合，外观（是否有刮伤）。

6）座椅安全带功能。

7）电（手）动车窗、中央门锁、开关的动作情形及顺滑度。检查自动车窗升降的稳定性。检查玻璃自动上升一半左右时，用力下按，玻璃会自动缩回的功能。要多次检查各车窗下降时是否会冲底。注意：用钥匙手动打开司机车门时拧住停 2 秒，看全车的车窗玻璃能否自动落下或升起。

8）烟灰缸功能。

9）座椅外观及性能。

10）车顶把手、顶饰板及压（饰）条外观的固定性。

11）遮阳板、电（手）动后视镜功能及开关。

12）后座包裹板、音响喇叭外观。

13）内饰件是否有粗糙处，各组件间的安装是否紧固。

14）地毯是否平整、扣牢、定位。

15）检查汽车喇叭，其应该是高低音产生的鸣笛。

16）坐好后，手放在方向盘上，左脚踏离合器踏板，应感觉轻松自如，并有一小段自由行程；右脚踩住制动踏板不放，其应保持一定高度，若其缓慢下移，则表示制动系统有泄漏现象；油门踏板不应有犯卡、沉重、不回位的现象，脚放在油门踏板上时，应自然舒适，这样才能保证长途驾驶不疲劳。

五、灯光及开关的检查

检查以下灯光及开关有无异常。

1）大灯（远灯、近灯）。

2）方向灯、故障警告灯（前、后、左、右）。

3）车幅灯、尾灯、牌照灯。

4）雾灯及除雾线。

5）刹车灯（第三刹车灯）、倒车灯。

6）室内灯、阅读灯、门灯、行李箱灯。

7）引擎室工作灯。

8）仪表照明警告及指示灯。

六、空调及音响的检查

1）空调开关、风量开关有无异常。

2）冷热调节功能开关（热度、冷度）有无异常。

3）试驾时关闭空调，选择内循环，检查各风口是否有热气漏进来。如果有，证明内循环系统存在问题。

4）室内、室外通气开关动作及出风口作用。

5）音响（音量、音质、选台、照明、显示器等）有无异常。

6）电子时钟时刻调整。

情境训练

请为王先生做一次新车验收并进行操作演示。

1）分组讨论如何为王先生做新车验收，制订计划并编写模拟接待话术。

2）每组根据所编写的脚本进行情境演练。

评价与反馈

1）分组讨论各组值得鼓励和应该改进的地方，讨论后各请一名组员上台总结。

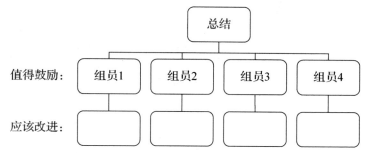

2）学习活动评价。根据以上活动填写学习活动评价表（表 6-2-1）。

表 6-2-1　学习活动评价表

班级：　　　　　　　　　　　　　　组别：

项目	评价内容	配分	组员姓名			
关键能力考核项目	遵守纪律，遵守学习场所管理规定，服从安排	10				
	学习态度积极主动，能参加学习活动	20				
	有团队合作意识，注重沟通，能自主学习及相互协作	20				
专业能力考核项目	能完整地做好新车验收工作	25				
	能在演示操作时与客户做好沟通	15				
	自我提升，能提出改进意见	10				
小组评语及建议			组长签名： 　　年　　月　　日			
教师评语及建议			教师签名： 　　年　　月　　日			

任务三　交易付费

任务描述

张小姐按时来到店内，打算付款提车，王亮带着张小姐去交款……

任务目标

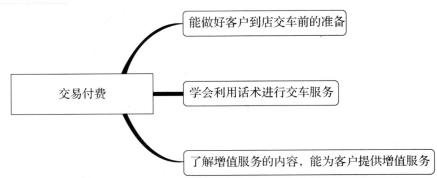

交易付费
- 能做好客户到店交车前的准备
- 学会利用话术进行交车服务
- 了解增值服务的内容，能为客户提供增值服务

任务准备

1）接待交车的客户需要注意什么？

_____

_____

_____

2）有哪些交易付款项目？依据是什么？

_____

_____

_____

_____

相关知识

交易付费注意事项

一、人员准备

在客户来店交易提车之前，除了做好交车确认工作，相关人员也要做好各项准备工作。

1．保安员

1）当客户进入店门口时，保安员应该立正敬礼。

2）保安员应询问客户是找销售部门还是售后部门，然后引导客户停车。

3）如果客户未开车前来，保安员应指引客户入店方向。

2．迎宾员

1）站在展厅门口两侧的迎宾员看到客户入店时应主动上前为客户开门。

2）如果是电动开启式自动门，迎宾员应主动上前点头致意，表示欢迎，并询问客户来意。

3）迎宾员问清客户是来提车之后，应询问预约的汽车销售顾问，然后引导客户到休息区就座，为客户端茶或倒水。

4）迎宾员安排客户就座后，应将客户预约的汽车销售顾问带到客户面前。

3．汽车销售顾问

1）在交车过程中，汽车销售顾问应全程陪同客户办理交车手续，直到完成交车。

2）在陪同客户的过程中，汽车销售顾问如果中途有急事，则应征得客户同意后离开，离开时间不得超过5分钟。如果离开时间超过5分钟，则应该委托其他同事代为处理其他事情。

二、交车服务运用的话术技巧

1．话术技巧举例1

汽车销售顾问："杨小姐，您好，欢迎再次光临。今天是交车的日子，也是值得庆贺的好时光。从今天开始，有车的日子会让您的生活更有意义。"

客户："我也是这样想的。"

技巧：把交车作为一个盛大的节日来对待，不管客户花多少钱买车，关键是要让他们觉得投资有价值。而这种价值是由他人的肯定来确定的，所以，学会肯定别人胜过不厌其烦地介绍自己的产品与服务。

2. 话术技巧举例2

汽车销售顾问："杨小姐，我今天才发现，您配上这款车，就更显得气质高贵。"

客户："你过奖了。"

技巧：学会把车和人的结合上升到一定的高度，并进行适当的夸赞，这对女性来讲更有意义和价值。当然，对于较理性的客户而言，不要言过其实，否则会适得其反。但可以肯定的是，赞美之辞是每个人都想听到的，表达的方式恰当即可。

3. 话术技巧举例3

汽车销售顾问："这是我的心里话。这款车不论是色彩、造型，还是其他方面，都体现了一种高贵的品质，要不您怎么千挑万选最终还是选择了这款车呢。"

客户："当然还是你们销售得到位，才让我有机会与这款车结缘。"

技巧：让客户感受到这是一种发自内心的真诚之辞，而不是虚伪之辞。同时，再次表示自己对客户独特眼光的赞叹。

三、提供增值服务

汽车销售顾问取得客户认可的另外一个技巧就是为客户提供增值服务。

1. 新车上牌照所需的资料及流程

（1）新车上牌照所需的资料

新车上牌照所需的资料包括：①车辆合格证原件；②参数表原件；③本人身份证原件及复印件1份（若是单位、公司购车，须提供组织机构代码证复印件1份和代办人身份证原件及复印件1份，外地人口还须提供暂住证原件及复印件1份）；④购置税副本；⑤购车发票中的注册登记联原件；⑥交强险保险单原件；⑦当为以车抵押的贷款车上牌时还须提供合同书、代理人身份证原件及复印件1份、机动车抵押登记申请书1份、机动车登记业务流程记录单1份（此单内的业务种类填写抵押登记）；⑧定编通知书中的注册登记联（办定编的单位提供）。

（2）车辆管理所上牌照的业务流程

车辆管理所上牌照的业务流程如下：①填写机动车注册登记申请表、档案袋；②照相、拓印各1份，将其贴在机动车登记业务流程记录单的背面（若是贷款车则要多拓印1份）；③将以上准备好的资料拿到验车处验车；④到选号处选号；⑤把以上资料交到办理上牌照窗口交费；⑥领取行驶证、临时号牌；⑦10天后到指定安装车牌处安装正式号牌。

2. 新车涉及的有关费用

新车上牌照的主要费用包括车辆购置税、保险费、车辆管理所上牌照费用。

（1）车辆购置税的计算

车辆购置税的计算公式为

$$车辆购置税 = 裸车价 \div 1.17 \times 车辆购置税税率$$

车辆购置税税率是全国统一的税率，我国目前的税率是10%，有时也会有调整。在2008

年全球金融危机后的 2009 年，我国为了应对国际金融危机对汽车行业的冲击，振兴汽车产业，在 2009 年 1 月 20 日至 12 月 31 日期间，对 1.6 升及以下排量乘用车实行减按 5% 征收车辆购置税政策，并将减征车辆购置税的优惠政策延续至 2010 年底，但征收税率在 2010 年 1 月 1 日至 12 月 31 日期间调整为减按 7.5% 征收。2011 年后全部恢复正常的 10% 税率。

【例 6-3-1】 计算一辆裸车价 10 万元、1.6 升排量的家用轿车在 2009 年、2010 年和 2012 年应缴纳的车辆购置税。

解：

2009 年的车辆购置税=100 000 ÷ 1.17 × 5% ≈ 4 273.50（元）

2010 年的车辆购置税=100 000 ÷ 1.17 × 7.5% ≈ 6 410.26（元）

2012 年的车辆购置税=100 000 ÷ 1.17 × 10% ≈ 8 547.01（元）

（2）保险费

如果单纯为了上牌照只需要购买交强险即可，家用轿车只需要 950 元，加上车船税（目前根据排量进行征税，排量越大要缴的税越多）。但为了得到更好的保障，除了交强险，新车一般会购买车辆损失险、30 万元以上责任限额的第三者责任险、全车盗抢险、车上人员责任险、车身划痕险、玻璃单独破碎险、不计免赔特约险。这是一笔比较大的费用，一辆 10 万元的家用轿车买完这些险种一般要 5 500 元左右。车价不一样，保费也不一样，车价越高，保费也越高。

（3）车辆管理所上牌照费用

国家取消了很多事业性收费，所以现在上牌照的费用不多，大概为 200 元。

情境训练

王先生购买了一辆排量为 1.5 升的飞度，全国统一售价为 117 000 元人民币，裸车优惠 5 000 元，他需要购买交强险、50 万元的第三者责任险和车身划痕险。王亮带领王先生去付款……

1）分组讨论并计算王先生需要支付的费用，并编写模拟接待话术。

2）每组根据所编写的脚本进行情境演练。

评价与反馈

1）分组讨论各组值得鼓励和应该改进的地方，讨论后各请一名组员上台总结。

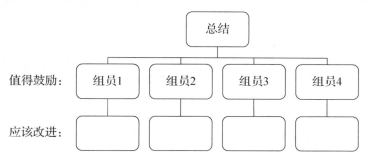

汽车顾问式销售实务（工作页一体化）

2）学习活动评价。根据以上活动填写学习活动评价表（表6-3-1）。

表6-3-1 学习活动评价表

班级：　　　　　　　　　　组别：

项目	评价内容	配分	组员姓名		
关键能力考核项目	遵守纪律，遵守学习场所管理规定，服从安排	10			
	学习态度积极主动，能参加学习活动	20			
	有团队合作意识，注重沟通，能自主学习及相互协作	20			
专业能力考核项目	能正确计算车价	25			
	能做好客户的沟通工作	15			
	自我提升，能提出改进意见	10			
小组评语及建议			组长签名： 　　年　月　日		
教师评语及建议			教师签名： 　　年　月　日		

任务四 车辆交付

任务描述

张旭看王亮已经带领客户付好了尾款，过来提醒他说："为了给客户留下良好的印象，提高客户的购车感受，你要为客户做好交车仪式。"

任务目标

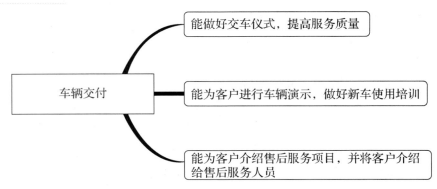

车辆交付
- 能做好交车仪式，提高服务质量
- 能为客户进行车辆演示，做好新车使用培训
- 能为客户介绍售后服务项目，并将客户介绍给售后服务人员

任务准备

1）交车仪式的场地布置有什么要求？

142

2）交车仪式有哪些步骤？

_____

_____

_____

3）与客户道别以后，汽车销售顾问需要做哪些工作？

_____

_____

_____

_____

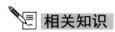 **相关知识**

一、交车仪式

交车仪式

手续办理和车辆检查完毕后，举行一个有意义的仪式可以给客户留下美好的记忆，同时也可以增加客户对品牌的满意度。仪式的举行一定要用心、热情，不要应付客户。

举行交车仪式前，在新车左右后视镜系上红丝带，在发动机舱盖上挂大红花。没有紧急工作的汽车销售顾问在新车的两旁列成一队鼓掌以示祝贺。由汽车销售经理把车钥匙模型转交客户，汽车销售顾问向客户献上鲜花以示祝贺。其他人一起鼓掌表示祝贺。

由摄影技术较好的汽车销售顾问担当摄影师，给客户拍摄纪念照，一共拍两张，一张由客户与新车单独合影，另一张由客户、汽车销售顾问、汽车服务顾问和汽车销售经理一起合影。所拍的照片每张冲印两份，在客户离店 3 天内邮寄给客户留念，另一份张贴在新车交付区的墙壁上以做宣传。

最后，汽车销售顾问可向客户及其家人赠送礼品（图 6-4-1）。

图 6-4-1 赠送礼品

二、车辆主要功能使用培训

交车仪式结束后，汽车销售顾问要向客户逐一介绍车辆各主要系统的功能及使用方法。对客户培训完之后，请客户试用一遍，确认客户掌握使用方法之后，请客户在新车功能使用确认表（图6-4-2）上签字确认。

新车功能使用确认表

○新车说明一览表

   □外观设计

   □门窗开关及上锁的方法（车门儿童安全锁等）

   □驾驶位置的调整方法（座椅、方向盘）

   □安全带的使用方法

   □外后视镜和内后视镜的调整方法

   □钥匙和发动程序

   □组合开关的操作方法（大灯、雾灯、转向灯、紧急指示灯、雨刮器、定速巡航控制系统等）

   □大灯清洗装置说明

   □仪表盘及各项指示灯说明

   □变速器的操作方法

   □各项开关的操作方法和位置指示（发动机盖、行李箱盖、燃油箱盖）

   □DVD语音电子导航系统说明及演示（设置回家路线）（若配备）

   □空调系统操作说明

   □音响系统操作说明

   □天窗操作说明

   □后排座位调整方法说明

   □防盗系统说明

   □童椅固定装置说明

   □五油三水及胎压检查说明

   □随车工具及千斤顶位置指示和使用说明

   □备用轮胎

○车辆确认（外部）

   □车辆外观清洁

   □检查车身无划痕、污渍

   □检查玻璃无划痕、污渍

   □检查轮胎、车轮无划痕、污渍

○车辆确认（内部）

   □清洁车辆（特别是烟灰缸、随车工具等）

   □安置车厢内脚踏垫（未订购时可以用脚垫纸代替）

   □检查内饰颜色，无划痕、污渍

   □确认电动装置能正常工作

   □确定随车附件和工具：备胎、卸胎工具、千斤顶、点烟器、烟灰缸等

   □确认订购设备

   □设定收音频道和时钟

   □确认DVD电子语音导航系统的运行状况

   □确认汽油量（有1/4箱燃油）

   □车辆钥匙_____把，遥控器_____把相关材料完备（驾驶员手册、保修手册、保险证、行驶证等）

○其他项目

   □VSC/TRC/HAC操作说明（若配备）

   □智能钥匙和一键启动操作说明（若配备）

   □AFS（前大灯智能随转系统）说明（若配备）

销售人员	
客户姓名	

图6-4-2　新车功能使用确认表样式

话术举例：

1）"刘先生，您的新车就摆放在面前了，为了让您更快地适应新车使用，我们将要花半个小时左右的时间，为您做一次新车的试用培训。"

2）"刘先生，经过刚才的培训，新车的每项功能您都会使用了吗？现在请您试一下。"

3）"刘先生您真厉害，这么快就掌握了新车的使用方法，麻烦您在新车功能使用确认表上签个字，确认一下。"

三、汽车服务顾问引荐

在交车过程中，如何为服务部门创造服务，并有效地将客户适当地转移到服务部门，是汽车销售顾问最大的责任。汽车销售顾问与汽车服务顾问像是共生的两个个体。销售以服务为起点，而服务又为汽车销售创造二次销售的契机。在良性循环中，销售业绩的提升是指日可待的。其实，介绍汽车服务顾问给客户，有时反而会替汽车销售顾问节省很多宝贵的时间。由单人服务变为整体服务除了可以节省时间外，还可以创造更多的服务契机。

汽车销售顾问引领客户到售后服务部门，把汽车服务顾问介绍给客户认识（图6-4-3），汽车服务顾问应该向客户表示祝贺："恭喜您成为××车车主！"由汽车服务顾问向客户递交自己的名片。

图 6-4-3　介绍汽车服务顾问

四、说明养护注意事项

汽车服务顾问拿出服务手册向客户讲解新车的有关保养说明及出车前的常规检查事项；向客户介绍特约维修站的热线电话、厂家的 24 小时服务电话、厂家的客户投诉电话及其查阅方式。

五、向客户介绍服务流程

汽车服务顾问应向客户介绍 4S 店的售后服务流程及售后服务关键岗位的工作职责，并且引导客户阅读公示墙上的政策和宣传文件。汽车服务顾问要告知客户到维修站进行维修服务时应该经历哪些环节，应该携带什么文件资料及其他注意事项，并且详细解释维修保养手册的使用方法。

六、参观客户休息室

汽车服务顾问应引导客户到客户休息室参观体验，告知客户休息室内有哪些便利服务项目。引导客户到客户休息室参观时可以使用以下话术与客户交流。

1）"×先生，这就是我们的客户休息室，这里面有可以免费上网的电脑，还有免费接入的无线网络，还有专门的服务人员为您泡茶，还有……"

2）"以后您开车来我们店接受维修保养服务的时候，只要把车辆交给我们服务前台的接待人员，然后您到休息室休息就可以了，这里完全能满足您工作和休息的基本要求。"

3）"×先生，不管您需不需要我们提供车辆维修服务，我们都随时欢迎您有空常来坐坐，喝喝茶。"

七、与客户告别

交车仪式完毕后，当客户离开4S店时，汽车销售顾问一定要与客户告别，并适时留下客户的联络方式，切忌冷落客户。此时应注意的要点如下。

1）汽车销售顾问应确认客户的联系方式，并简述后续跟踪内容。

2）客户离店时，汽车销售经理、汽车售后经理、汽车售后服务人员和汽车销售顾问应在展厅门外列席送别客户，直到客户开车远离自己的视线为止。

3）客户离去后，汽车销售顾问应及时整理客户资料。

4）预估客户到达目的地的时间，致电确认其安全到达。

情境训练

王亮为王先生准备了交车仪式，并把王先生介绍给了汽车服务顾问小刘。

1）分组讨论如何准备交车仪式，并编写介绍汽车服务顾问的模拟话术。

2）每组根据所编写的脚本进行情境演练。

评价与反馈

1）分组讨论各组值得鼓励和应该改进的地方，讨论后各请一名组员上台总结。

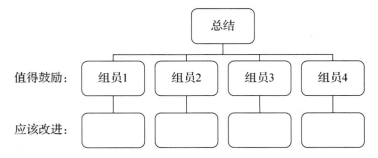

2）学习活动评价。根据以上活动填写学习活动评价表（表6-4-1）。

表 6-4-1　学习活动评价表

班级：　　　　　　　　　　　组别：

项目	评价内容	配分	组员姓名			
关键能力考核项目	遵守纪律，遵守学习场所管理规定，服从安排	10				
	学习态度积极主动，能参加学习活动	20				
	有团队合作意识，注重沟通，能自主学习及相互协作	20				
专业能力考核项目	能完整地准备交车仪式	25				
	能顺利地将汽车服务顾问介绍给客户	15				
	自我提升，能提出改进意见	10				
小组评语及建议			组长签名：　　　　　　　　　　　　年　月　日			
教师评语及建议			教师签名：　　　　　　　　　　　　年　月　日			

任务五　跟踪回访

▌ 任务描述

等王亮把车交付给王先生，并目送王先生离去后，张旭走到王亮的身边说："恭喜你啊小王，你终于成功地完成了第一辆车的销售！非常好！那你知道接下来针对这位客户还应该做什么吗？"王亮回答："当然知道了，接下来我要对这位客户进行跟踪回访了！"张旭满意地点点头。

▌ 任务目标

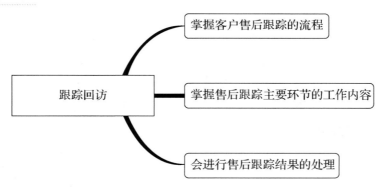

任务准备

1）与客户道别以后，需要做哪些工作？

_____

_____

_____

2）如果回访时客户对车辆不满，这时该怎么办？

_____

_____

_____

3）如何维系与客户的关系？

_____

_____

_____

_____

相关知识

交车后，客户一般相当高兴。根据调查，客户内心有一股暗潮冲击思绪，当客户所担心的事项发生时，这些事项对客户的忠诚度的影响则相当大。这时客户担心在购车后会被汽车销售顾问遗忘；在遇到产品故障或有疑问时不知道该与谁联系；与客户联系的汽车销售顾问离职，而不再有人帮助客户解决问题和遵守承诺；对购买的产品本身、价格或条款感到后悔；等等。客户在购车后希望得到的价值包括：购车后从不担心产品的质量问题；对成交前

售后跟踪回访

的承诺，汽车销售顾问能说到做到；能够及时地提供专业的售后服务，满足其需求；安排合理的送货时间且迅速及时；履行退换货的承诺；等等。

因此，车辆交付后与客户之间的联系就变得非常重要，这就是售后跟踪的重要性。售后跟踪是保持客户忠诚的重要动作，也是收集客户购车情报、导入潜在客户开发的主要环节。优秀的汽车销售顾问拥有自己相对稳定的客户关系网络，并根据客户的重要等级确定与其保持沟通的频次，以维系一种相互信赖的关系，而这种关系正是汽车销售顾问赖以成功的秘诀。

一、售后跟踪的主要流程

在整个售后跟踪中，打追踪电话是关键的一步，需要注意以下要点：追踪电话应在3～7个工作日内打给客户；电话交谈时，应询问客户是否对产品与经销商提供的服务感到满意；在打追踪电话时，不可将电话转接给另一位员工；选择适当的时间打追踪电话；完成联络后，须马上记录；在7天内须打3次电话，分别在不同的时间，必要时亲自拜访；3次电话均无

法联络到客户时，则寄送追踪卡或明信片，若寄出卡片，则须记录。

售后跟踪的主要流程如图 6-5-1 所示。

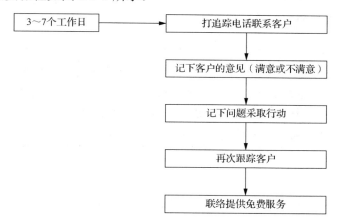

图 6-5-1　售后跟踪的主要流程

二、售后跟踪的主要环节

1. 售后跟踪的准备

1）汽车销售顾问应查阅客户基本信息，确认重点内容，包括姓名、电话、购买车型及投诉情况。

2）汽车销售顾问应在交车后 3 日内给客户发感谢信，并电话致谢，确认车辆使用情况。

3）汽车销售顾问在联络后应将客户信息在管理系统中进行登记，并归档保存。

4）汽车销售顾问在交车后根据约定的时间与客户电话联系，询问车辆情况，通知免费车检，在客户进行首保后，将客户信息卡转交给售后服务部门管理。

2. 与客户关系的维系

汽车销售顾问应制订客户跟踪管理计划，用电话、信件、短信或 E-mail 与客户保持联系，关心客户的用车情况；交车后每 3 个月应主动联系客户，了解其使用状况；每次跟踪客户后将客户信息填入客户信息管理卡，及时更新；主动请客户提供可能的潜在客户的购买信息；若有相关促销活动，则主动热情地邀请客户参加。

三、售后跟踪结果的处理

在售后跟踪中，如果客户完全满意，汽车销售顾问须将追踪电话的结果进行记录，并告知客户会寄出问卷，同时提醒客户进行免费检测和首次维护。

如果客户不完全满意，汽车销售顾问须将客户的意见记录在客户资料档案中。记录内容必须为客户所述，并在客户资料档案上标识出不完全满意；汽车销售顾问必须提供解决方法以达到客户完全满意，并将解决方法记录在客户资料档案上；若无法立即在电话中提出改善方法，汽车销售顾问则必须结束通话，承诺一定会尽快回电。

汽车销售顾问须负责了解客户不满意的原因；依据主题，讨论可能的矫正方法，让客户完全满意。确定解决方法后，汽车销售顾问再次联络客户，提供解决方法，让客户满意，并将解决方法和客户意见记录在客户档案中。

情境训练

王先生提车已经有1个多月了，王亮致电询问用车情况，王先生表示车子的天窗总是不停地自动开启又自动关闭，不知道怎么回事，有点心烦。这时王亮该怎么办？

1）分组讨论如何解决王先生的困惑，并编写模拟话术。

2）每组根据所编写的脚本进行情境演练。

评价与反馈

1）分组讨论各组值得鼓励和应该改进的地方，讨论后各请一名组员上台总结。

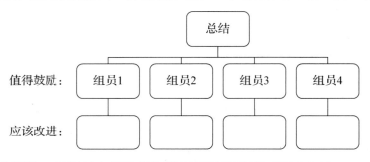

2）学习活动评价。根据以上活动填写学习活动评价表（表6-5-1）。

表6-5-1 学习活动评价表

班级：　　　　　　　　组别：

项目	评价内容	配分	组员姓名			
关键能力考核项目	遵守纪律，遵守学习场所管理规定，服从安排	10				
	学习态度积极主动，能参加学习活动	20				
	有团队合作意识，注重沟通，能自主学习及相互协作	20				
专业能力考核项目	能正确地处理客户异议	25				
	能为客户提供帮助，提高客户满意度	15				
	自我提升，能提出改进意见	10				
小组评语及建议			组长签名： 　　年　月　日			
教师评语及建议			教师签名： 　　年　月　日			

参 考 文 献

黄关山，程浩勋，2012. 汽车营销[M]. 北京：人民交通出版社.

林绪东，2013. 汽车销售实用教程[M]. 北京：机械工业出版社.

刘军，等，2012. 汽车 4S 店管理全程指导[M]. 北京：化学工业出版社.

刘军，等，2013. 汽车 4S 店销售顾问培训手册[M]. 北京：化学工业出版社.

朱小燕，邓飞，2014. 汽车销售实务[M]. 北京：机械工业出版社.